不走弯路

职场进阶指南

职业跃迁训练营◎著

中国铁道出版社有限公司
CHINA RAILWAY PUBLISHING HOUSE CO., LTD.

图书在版编目（CIP）数据

不走弯路：职场进阶指南 / 职业跃迁训练营著 . — 北京：中国铁道
出版社有限公司 , 2023.7
ISBN 978-7-113-30085-2

Ⅰ.①不… Ⅱ.①职… Ⅲ.①职业选择 - 通俗读物 Ⅳ.① C913.2–49

中国国家版本馆 CIP 数据核字（2023）第 051361 号

书　　名：**不走弯路——职场进阶指南**
　　　　　BU ZOU WANLU: ZHICHANG JINJIE ZHINAN
作　　者：职业跃迁训练营

责任编辑：王　宏　　　　　编辑部电话：（010）51873038　　电子邮箱：17037112@qq.com
封面设计：宿　萌
责任校对：刘　畅
责任印制：赵星辰

出版发行：中国铁道出版社有限公司（100054，北京市西城区右安门西街 8 号）
印　　刷：北京盛通印刷股份有限公司
版　　次：2023 年 7 月第 1 版　2023 年 7 月第 1 次印刷
开　　本：710 mm×1 000 mm　1/16　**印张**：13.25　**字数**：189 千
书　　号：ISBN 978-7-113-30085-2
定　　价：69.80 元

为什么要写这本书

面对职场，新人应该做好步入职场的准备工作，戒掉"学生思维"，破除"玻璃心"，同时找准自己努力的方向。如果是职场转型，从零开始步入新的行业，那么也要快速调整状态，同时扩展自己的思维方式，用全新的知识来武装自己的头脑。

新人步入职场一段时间后，忽然发现，工作无法进入状态，同时又感觉似乎活在别人的眼光之中，导致情绪也时有起伏，听到负面反馈难以接受，想要改变又觉得精力时常不够用，这些问题常常困扰着自己。

当调整好了心态，又觉得行动跟不上。遇到多项工作不知如何协调，没办法合理安排工作时间，做完的工作无法可视化，做事总是没有重点、没有条理，遇事找不对方法，没有计划的时候越忙越乱，有了计划又总是被打乱，一直找不到自己的工作目标，这些都是没有把工作做到点子上的表现。

当有了可以落地的行动，改变行动的方式也就显得格外重要。如果你有经常性的职业懈怠，总是被琐事耽误进度，做事容易磨磨蹭蹭，认定自己完不成目标，那么你必然不会平衡工作与生活中的变动，不会在工作中抓到关键环节。

除了行动起来，进入职场以后还有一点非常重要，便是有效的职场沟通。也许你会经历或者正在经历工作中经常性的沟通不畅，听不准领导的需求，碰到好机会却不会表达，导致寻找不到职场伯乐，而这些常见问题则会在本书中寻找到答案。

想要成为一名优秀的职场人，要时刻记得提升自己的能力，不要做随时可被替代的万能人，也不要局限在固定岗位上。了解自己擅长的方向，做出合适的转岗。面对大型项目时也不要感到手足无措，这都是我们必经的过程，积极的自我完善，往往能让我们更享受自己的职场生涯。

这些常见的职场问题，在你步入职场前也许没有人教过该怎么应对，怎样破局，那么这就是本书的意义，让你花费最少的时间，获得最大的帮助。

本书能帮助你什么

1. 六大模块，各自独立，阅读体验佳

内容一共分成六大模块，每一个模块又分为若干篇成长故事，每篇故事都短小精悍、各自独立，非常方便读者阅读。

2. 真人故事，贴近生活，易于借鉴

每一篇文章都从作者自己的真实经历出发，通过分析经历，得到解决问题的方法和提高效率的能力，读者能够找到自己熟悉的场景，非常容易借鉴到自己的工作之中。

3. 涵盖典型，实用价值高

书中汇集了31个真实的成长故事，涵盖了现代社会的年轻人在职场中会遇到的典型场景、问题和困惑以及应对方法，非常具有实用价值。

4. 可与作者们交流互动

本书作者都是自媒体上持续输出的博主，他们热爱生活、勤于思考、乐于交流，如果读者在阅读中有相关的问题，或者有自己的思考，可以通过每位作者简介的联系方式和他们交流互动。

适合阅读本书的读者

- 想提前掌握职场生存之道的大学生。
- 对未来感到迷茫、想寻找良师益友的年轻人。
- 遇到困境的职场人士。
- 希望突破职场瓶颈的人士。

阅读本书的建议

- 本书每一章节都互相独立，读者可以从任意章节读起。
- 对于每一章节的文章，建议读者思考作者处理问题的思维方式，以及如何学习借鉴。
- 如对某个作者感兴趣，可以通过作者联系方式与其进一步交流。

编　者

目　　录

1

第4章
改变行动方式

第5章
积极主动沟通

第1章
职场初准备

　　面对职场，新人应该做好步入职场的准备工作，戒掉"学生思维"，破除"玻璃心"，同时找准自己努力的方向。如果是职场转型，从零开始步入新的行业，也要快速调整状态，同时扩展自己的思维方式，用全新的知识来武装头脑，本章将重点带你进入职场初期准备状态，为你打下坚实的职场基础。

吴超越，毕业于淮北师范大学文学院新闻专业，6年互联网内容领域工作经验。擅长文案撰写、内容运营，自媒体创作者，全网各平台总阅读量和播放量过千万。微信公众号：锤下人生，连续日更公众号文章100篇，输出12万字。畅销书《个人成长：不要等到30岁以后》作者之一。

作者邮箱：15712941385@163.com

"

1.1　喜欢职场玻璃心

很多时候，让人痛苦的并不是事实，而是预期。所以在职场打拼，保持一个良好的心态尤为重要。因为职场是一个"升级打怪"的过程，除了需要拼体力、智慧、情商、能力，更需要一个"皮实"的心态。

1.1.1　戒掉学生思维

大学虽然是一个"小型"社会，但那终究是学生生活的一个环境，其复杂程度和真实的职场相差甚远。

很多刚毕业的大学生，进入职场，都会带有很浓厚的学生思维，认为一切都理所当然。例如，我问别人，别人都得回复；我请教别人，别人就得教我。遇到分歧，一定要争个谁对谁错，而且非常敏感，看问题不允许有任何模糊空间，非黑即白。这些思维都是典型的"学生思维"，一定要尽早去戒掉。

如今回过头来复盘，我刚入职场的时候，就犯了一些很明显的"错误"。

比如，我刚开始的时候，很容易看不惯一些人，会带着自己的"喜好"去和同事相处，甚至和自己的部门领导相处也是如此。带着刚出大学的桀骜不驯，甚至有点自命清高的姿态。为了彰显自己的个性和与众不同，中午我也很少和同事们一起去吃饭，经常独来独往，结果导致我成了部门里的"边缘人"，游离于他们之外。

后来，我的一个同事提醒我，我才意识到这个问题的严重性。之后，我积极和部门同事们一起去吃午饭，去和他们打成一片。然后我才发现，他们原来有一个交流群，而我并不在里面。我非常感谢同事的点拨，她本可以不这样做，同时我也能及时醒悟，才避免自己在自我孤立的道路上越走越远……

其实，中午吃饭是从同事那里获得有用信息的好途径，同时也可以详细了解他们。其他时间，大家都在忙各自的工作，没有机会交流。中午一起吃饭，大家开开心心聊聊八卦，才能拉近彼此的距离。虽然不一定能做到与每个人都能相处好，但那一步一定要迈出去。自己的喜好不重要，自己的个性也不重要，自己的情绪更不重要。

村上春树说：你要做一个不动声色的大人了。一个合格的职场人，就是要拒绝玻璃心，做到不动声色，不能把自己的情绪写在脸上，要尽力做到对事不对人。

1.1.2　不要抱着交朋友的心态

在职场上，你会遇到各种"形形色色"的人，他们大多都是我们生命中的过客，不必太在乎。

我曾经有过这样一段让自己印象深刻的经历。当时，部门里来了一个刚毕业一年的女同事，有一天，部门的一位男同事过生日，除了我们俩，部门其他几个人都被喊去吃饭了。我的这位女同事就很不开心，觉得自己被孤立了。

中午她就找我一起去吃午饭，在去吃饭的路上语重心长地"教育"我为什么对这种事情看得很淡定，我说："有些同事，大家不是一路人，你是怎么也相处不来的，我们不可能和所有同事都成为朋友，大家性格各异，在部门的角色也不同，有些说不定还有利益冲突。"

然后她想到了一个主意，而且她也怂恿我一起这样做，那就是给这个男同事发红包，送上生日祝福。我听到她这个想法，觉得很无语，你这不是故意给别人难堪吗？她说："这是要让他知道，咱们俩是一起的，不能忽视我们，要让他内心觉得，他过生日没有邀请咱俩，是他的不对。"她的这个思路确实很清奇。

虽然在职场中，大家的关系看似"稳定"，但有时也会很"脆弱"，一旦产生了利益冲突，这种关系就会有面临破裂的危险。

进入公司之后，和部门同事打成一片确实很重要，但一定不要为了去融入他们，而强迫自己去迎合。必须要承认一点，我们之所以聚在一起是为了工作，并不是来交朋友的。交不到朋友是正常的，如果你抱着交朋友的心态去和同事相处，你大概率会失望。但是如果你不抱期待，说不定会有意外之喜。

1.1.3　职场上并不存在绝对的公平

在职场中，什么样的时刻最让人痛苦？自己付出了努力，但是并未得到该有的回报，这是最容易让人心态失衡的。

学生时代，你付出了多少努力，基本上能在最后的考试分数上体现出来。职场的复杂之处可能就在于：自己觉得付出了巨大努力，但并不一定能得到你期望的同等回报。

职场之中，有这样广为流传的一句话：干活的不如做PPT的。这是一种吐槽，也是一种无奈。

很多人只顾闷头干活，既不做向上管理，也不及时同步项目的进展，总想等着憋个大招，让领导眼前一亮。能力强，能干活，也要会表达，这一点在职场之中非常重要。就像你在找工作时，要学会写好自己的简历一样。只要这个度把握得好，不过分夸大，说不定就能取得意想不到的结果。

领导并不在乎你每天是不是部门第一个来，最后一个走。他只关心你做的事情有没有结果。所以，找准领导的需求很重要。

既要把工作做得好，也要把做的结果说得好，学会双管齐下。

职场的确没有绝对的公平，我们不能抱着付出了就一定能得到回报的心态。评价一个职场人的工作表现，从来不是靠某一个因素，而是综合能力的考量。

有时你可能已经做得足够好了，但无奈领导早已心有所属，有自己的判断标准，你也无可奈何。这虽然不是职场的常态，但也总会遇到这种"不公平"的时刻。人生不如意，十之八九，有时职场也是如此，在自己力所能及的范围之内做到最好即可。

1.1.4　被裁并不一定是你的能力有问题

有时候职场人难免会遭遇公司"裁员"的情况，有些人遇到这种情况自信心会受到打击，变得怀疑自己。以我这几年的经历来看，调整好心态很重要，一定不要因为这种不可控的因素而丢掉自信。

由于我身处互联网行业，这个行业本身就是时刻都在"变化"。可能公司这个季度的业务重心是在你擅长的这一方面，然后把你招了进来，几个月过去，发现业务进展缓慢低于预期，这时考虑到公司的运营成本，必须要降本增效。有时候你可能连试用期都没过，公司的这块业务就被砍掉了。那和业务相关的工作人员，就只能解散。

裁员的情况有很多，有公司层面的，有领导层面的，也有个人层面的。

首先是公司层面：有时候是因为新业务发展不如预期，有时候是因为业务不挣钱，有时候是因为公司调整了发展的方向。

其次是领导层面：老领导跳槽了，新来的领导与你就是气场不合，部门这时有裁员指标，领导很可能只会留下自己认可的员工。

最后是个人层面：有些人确实是因为工作能力不行，而有些人却是因为工资过高，甚至有些人是因为自己的能力太强而被领导"嫉妒"，觉得会威胁到自己。

总之，有人的地方，就有江湖。尤其是现代社会的职场，变化太快。如果你的心态过于玻璃心，是很难适应现在的职场环境和节奏的。既然很多因素我们并不能控制，比如行业的变化、公司业务的调整、能否得到领导的赏识，那我们就应该时刻关注行业的变化，以及公司业务的调整，尽力去满足领导的需求，做好自己能控制的，其他的就不必在乎了。

罗曼·罗兰曾提到，世上只有一种真正的英雄主义，那就是看清生活的真相之后，依然热爱生活。

职场的真相就是，你的职场之路并非一帆风顺，你会经历很多高光、低谷、被别人打击、自我怀疑，甚至想要放弃的时刻。即使职场成功人士，可以把工作技能传授给你、把职场经验传授给你、把升职加薪的秘诀分享给你，但唯独心态，他们教不了你。因为这种事，只能你自己去经历，在实战中去体会。有些人越挫越勇，有些人遇到打击便一蹶不振，所有成功的人，无一例外，都是坚持到最后的人。他们都是历经磨难，百炼成钢。

每一个职场人，必须要有一颗强大的内心，拥有更"皮实"的心态，以不变应万变。

苏田，伯乐苏优势研究创始人，国际认证Gallup优势教练。15万粉丝微博博主，学员遍布海外十多个国家。畅销书《个人成长：不要等到30岁以后》作者之一。

作者邮箱：gxsugar@163.com

"

1.2　努力用不对方向

世上无难事，只怕有心人。

跟大多数人一样，我从小就是在这种信念陪伴下长大的，只要足够努力，总有一天会成功，然后不断学习死磕，就是不肯认输的信念，陪伴我从读书到了职场工作，活了三十多年我才发现，原来这并不完全是对的。

1.2.1　成功的人并不是都靠硬努力

四年前，我在北京做心理教练时，带了一班企业家学员，都是各行业成功人士，我们带一期学员至少半年起步，用半年时间去链接一个人，能看到的就不仅仅是表面，而是很清晰地看到每个人的行为模式和思维模式。

在这个过程当中，我发现一个神奇的现象：成功的人之所以成功，其实根本不像名人自传书上讲的完全靠运气、靠坚持、靠规划、靠信念……而是这些成功人士身上有一种特殊的能力，每个人的都不同，凡是跟这些能力相关联的事，他学起来轻而易举，而别人学起来就比登天还难，正是因为对他来说很容易，他做起来乐在其中，所以他越做越开心，越开心越爱做，自然而然就坚持下来了。成功，就这么理所当然。

举个例子，就好像绝大多数人都觉得，人是一种复杂的生物，很难理解对方。可对我来说，人真的太有趣了，当发现每个人的不同点时，我会很兴奋，而且我总能很轻易地发现他们的不一样。其实从小我并没有刻意练习，也没人教过我，好像与生俱来的一样，特别神奇。

然后，在《现在，发现你的优势》一书上我找到了答案，那些特殊的能力叫"才干"，是优势的DNA，就好像一颗种子，它属于优势的基本原型，这本书里介绍了每个人都有34项优势才干。

因为特别感兴趣，后来的我经过系统学习，拿到了帮他人寻找优势行业里最权威的证书"全球认证Gallup优势教练"。不瞒你说，这一切对我来说特别容易、特别顺利。当时就已经研究优势的我，很清楚自身具备几个优势才干，非常有助于我做研究人这一方面的学习，它们分别是"伯乐""个别""完美""理念"。

后来我通过做咨询研究了上千位成功人士，他们都在各自领域中出类拔萃，无论是教师、销售或是创业者、管理者，我发现他们成功的秘诀都在于，他们发现了自身优势，并不断运用优势在滚雪球，最后取得不错的成绩，只不过他们没意识到这是优势才干而已。

1.2.2　表面优势与隐性优势

作为一名资深的优势教练，我的工作就是帮助大家发现优势，用优势创造价值。每次带人做优势探索之前，我都习惯性先问对方，你认为自己有哪些优势？学员们的答案各种各样。有人说，他的优势是在500强企业工作稳定，有很多行业资源；有人说，他的优势是沟通能力不错，他很喜欢主动跟客户交流，很容易把产品销售出去；还有人说，他的优势是做事细心又有责任感，领导夸他靠谱，等等。其实这些描述都正确，只不过太过于笼统，他们只是优势的一部分，那么到底如何来区分呢？

根据国际最权威的优势机构盖洛普（Gallup Inc.）研究表明，一个人的优势，由三大基本元素构成：知识、技能、才干。这里我们用优势冰山模型来表示，知识、技能是冰山水面上的20%，真正决定其水准的，是冰山水面下的80%，叫作才干。我们可以简单把它们区分为表面优势和隐性优势。

1. 表面优势（水面上）

日常人们提到优势，习惯性指表面优势，是知识、技能，是比较容易识别和看到的，这也是为什么它们在冰山水面上。

知识，就是"你知道的东西"，通过学习和实践而来。例如，你大学的专业是英语，你知道这个行业的很多名词和内容，你考取了英语8级证书，等等。

技能，就是"你知道怎么去动手做"。例如，护士知道怎么准确地给病人注射，注射针头切入的角度和力度。

表面优势的特点，是可以通过后天练习不断实践而获得提升，例如熟能生巧，至于你内心是不是喜欢，做的时候开不开心，这就不一定了。

2. 隐性优势（水面下）

所谓隐性，就是那些在冰山水面下，不容易被普通人看到的。才干，是指：你是怎么做事的，怎么思考问题的，怎么与别人产生联系的，你自然而然反复出现的行为模式和思维模式。例如你为什么会做出某个选择，你为什么喜欢某些特定的事物，你为什么对某些事一学就会，比某些学了两年的人做得还好。

万事皆有因，这里面就蕴藏了你的才干。比如领导交给你一个任务之后，你是立刻去做，还是想清楚步骤再去做？或者你会先上网查查资料再去做，还是会先和其他同事或朋友交流下再去做呢？显然，每个人做事情的方式都不一样。而每个人表现出的这些不同，其实都是由每个人的才干决定的。

才干的厉害之处，就在于别人模仿不来，也抢不走。

如果说表面优势（知识、技能）决定我们能否做一件事，那么隐性优势（才干）决定了我们能做得多好。

例如，你刚刚给几名做客服的新员工进行技能知识培训，他们顺利通过考核都安排上岗正式工作了。在对接客户过程中，如果客户的要求在培训范围之内，你会发现，大部分员工都可以做得很好。但是如果有客户提出了很意外的要求，是之前没有培训过的，员工会怎样应对呢？他们能完美的解决吗？

这个时候，如果员工当中那些具备共情力或和谐才干的，他们就会表现得非常出色。他们会本能使用最恰当的语言和声调，使客户平静下来，直到把问题解决；但是如果他们不具备这些才干，那么只用刚学的技能知识，就根本帮不上忙，无法完美解决客诉问题。

技能知识的威力在于可以复制，能从一个人传播给另一个人。而缺点是经常会受到场合的限制，当出现无法预见的情况时，技能知识很难派上用场。

相比之下，才干的威力在于它适用于不同的场合。只要受到适当的刺激，它就会条件反射本能的自我启动。例如，你有爱争第一的才干，那么几乎任何一种比赛类的活动都会让你很兴奋；如果你有共情力的才干，那么你总能轻而易举地感受到对方的需求；如果你有跟人"破冰"的才干，那么就算是外星人来了，你都不会怯场，你就想跟人家做朋友。

所以，才干是天生无法复制，也教不会的，如果找到自己的优势才干并运用起来，那你就找到了自己独一无二的核心竞争武器。

1.2.3　找到优势才干的两种方法

苹果公司CEO乔布斯如果没有创新精神，科学家爱因斯坦如果没有随时随地的好奇心，如果他们没有这些独一无二的才干，哪怕学习再多知识和技能，投入再多时间和精力，也很难继续坚持下来，很难获得成功。名人如此，对于我们普通人来说更是如此，只有在才干的基础上下功夫，才能高效并持续打磨出更多优势。

找到优势才干是关键，目前最简单明了的方法就两个：

1. 自我觉察法（4个线索）

（1）无限向往（事前）。没开始做就已经憧憬了，就是一种情不自禁被吸引，说不清楚为什么，不知不觉中反复地被某些事所吸引。有可能从小就有这种感觉了，兴奋又紧张，但即便如此，内心还是特别的渴望。尽管没有外力的驱使，你却总会不知不觉出现这种情景。

（2）一学就会（事中）。做起来很轻松，上手特别快，好像根本不需要很努力去做一样，但就是如此得心应手，很快就把它学会了。这有点像兴趣，又有点像一种求知欲，它让你想要去实践，想要用新的技巧去改善自身，充满了挑战，这种挑战还是用你喜欢的方式进行的。

（3）乐在其中（事中）。做它的时候，时间过得特别快，对周围的一切全然不知，只想全身心投入，做完之后还想再来一次，虽然身体可能会很累，但是心理上却感觉不到一丝疲惫，满满的成就和满足，这是传说中的心流状态。

（4）高人一等（事后）。事成之后，别人都夸你很厉害，获得积极正面的反馈。你自己也很认可自己，跟其他人对比，你花的时间差不多，但做出来的效果就是比别人好很多，你也忍不住地回想"刚才我是怎么做到的，怎么这么神奇？"

根据以上4个线索，我们不妨从学生时代开始找起，一直到你现在的工作，尤其是现在的工作，尽可能多挖掘一些，如果实在没有，再从生活中的事情入手。

2. 优势识别器测试（配合优势教练的专业指导）

都说"当局者迷，旁观者清"，人类对自我的评价确实无法做到客观中立，就像我们每天照镜子一样，看得到的只是外表服饰是否整齐，却照不到自己的精神世界，所以我们要借助优势识别器这个工具，才能真正从第三者视角看到自己的盲点。

克利夫顿优势识别器（Clifton Strengths Finder）成功运用积极心理学优势理念，是一个线上的才干测评，它可用于鉴定个人在哪些领域最有潜力建立优势。1998年以来，盖洛普公司一直使用克利夫顿优势识别器作为人才发展项目的才干识别工具，服务于全球学术机构，非营利性组织、商业经营者和其他组织，已被译成25种语言进入各个国家，目前全球使用者已突破2 600万人。

我喜欢使用优势识别器，因为它是市面上所有同类中最精细的，它不像霍兰德6个代码，不像PDP性格测试的动物5原型，它的测评结果是34个才干的排序，每个人拥有的才干排序都不一样。所以说，每个人的最终优势报告结果几乎是个性化定制，独一无二，可以深度挖掘自身各方面的潜在力量。

而且在专业优势教练的辅导下，还能解锁34项优势才干背后隐藏的诸多秘密，例如一个人真正的动力源，还有自身觉察不到的痛点和卡点，目前优势才干运用的环境是否匹配、是否使用过度，使用不当造成的负面影响如何解决，如何最大化把优势正确的运用起来，等等。

成功的人并不都是靠硬努力，努力要用对了方向，挖掘自己的优势才干才能更快成功！

葛曼，二级心理咨询师，中华心理咨询师国际协会会员，学威国际研究院特聘讲师，当当网畅销书作者。擅长职场生存、个人成长。因在玉树地震灾后心理援助中表现优秀，被授予第二届国际莫尼卡人道主义贡献奖。畅销书《个人成长：不要等到30岁以后》作者之一。

作者邮箱：tjgeman@126.com

1.3 职业转型后焦虑不安

一个应用心理学专业的大学生，毕业后从事互联网运营，生育后职业又重新规划，回归自己的本专业。这条路看似容易，却暗藏荆棘。

理论和实际的应用总是有差距，过去和现在的知识难免有距离。不管你是否从事专业对口的工作，初到一个行业就顺风顺水的概率无异于随便买了张彩票就中了500万元大奖。

初到一个行业，发现短板的敏锐决定了你能否在这个行业走下去，查漏补缺的速度决定了你能在这个行业走多远。如何发现短板、查漏补缺，对于初到一个行业的你我尤为重要。我将其总结为四别：别怕，别慌，别怂，别忘。

1.3.1 别怕，初心比赚钱重要

高考时，我怀着对心理学的憧憬报考了这个专业，大学四年认真系统地学习了心理学知识。很多人说心理学是朝阳产业，这的确是事实，有多朝阳呢，就是我毕业的时候没有找到专业对口的工作，那时候心理学的工作机会非常少。

其实我们学校在当地还算是不错的学校，很多年后，我和其他的大学同学回归本专业的时候，突然发现本市相关机构的管理层很多都是我们的学弟学妹。早走一步是引领时代潮流，我们早走了太多步，没等到潮流就被淹没了。

刚毕业的时候为了生存，我利用自己的写作特长以文案入职，从事了互联网运营行业。工作没有热爱，上班只为赚钱，除了发工资那天，每天都是煎熬，一天的快乐并不能抵消一个月的痛苦。

紧张的工作节奏，巨大的工作压力，让我在几年后患上了结膜炎、颈椎病等一系列的职业病。这不光是工作本身造成的，更是因为我不快乐。当你工作只是为了赚钱的时候，你的心会知道，你的身体也会知道。

我开始利用休息时间重新将心理学拾起来，培训、沙龙、公益活动，参加有关心理学各种各样的活动，只是为了找回心灵的宁静。

有一次办讲座的时候，一位听众得知我们志愿者没有报酬还要自费在外面吃饭，表示不理解："你们为什么要赔本也没给自己赚吆喝呢？"

"可是我给心理学赚吆喝了啊。"况且，热爱的专业早就在精神上回馈我了啊。

结婚生子之后，职业重新规划，我希望有更多的时间留给家庭，更重要的是，我不希望孩子看到的是一个不快乐的母亲。这时候，心理学就成为我转行的第一选择，这不但是我的专业，而且是我的初心。

人到中年转行不是一件容易的事情，即使这件事情你一直没有放

下。花钱的爱好和赚钱的工作完全不一样。门槛不一样，要求不一样，标准不一样，机会不一样。可是我决定了就不怕，成功的人还会成功，我能凭借一个写作技能就跨行业从事互联网，就能凭借科班出身和不断学习再次回归心理学。

1.3.2　别慌，有短板才有方向

决定了心理学行业，只是一个大的方向，具体做什么还是要认真考量。

很多人一想到心理学就想到心理咨询，我刚毕业的时候也不例外。但是心理咨询门槛极高，需要具备大量的知识和技能。而且，心理咨询师会有一个绕不过的卡点，那就是自己的阅历。我才三十多岁，太年轻了，经历的事情还太少，很难刚入行就挑战这么高难度的工作内容。

做不了深度，那就做广度，我决定从心理教师入行。对于工作，我具备专业背景和演讲经验，从事课程教学有一定的优势；对于我，这份工作有助于积累大量的个案样本，为未来做心理咨询师打下坚实的基础。我如果早些年想明白这些事情，也不会走这么多弯路。

我应聘入职了一家情商机构，热爱的工作内容与和谐的人际关系都是我心仪的，可是课程掌控不强的问题慢慢显现了。

正式讲课之前，教师们要一起磨课试讲，用集体的智慧推敲打磨，以期呈现出好的课程效果。一次磨课中，我落落大方地开场导入，惟妙惟肖地朗读绘本，温和坚定地引出主题。我对自己的表现自信满满，可是同事们的反应却不是那么好。

"虽然绘本部分表演很生动，但是感觉差了点什么？"一位同事说。

"是什么呢？"

"就是……好像一场独角戏。"

"每个环节都很精彩，可是好像中间连不上，仿佛割裂开。"另

一位同事说。

"割裂？"

"就是承上启下的地方有些生硬。"

这到底是为什么呢？课程的每一个环节我都准备得很充分，为什么讲课中推进得不是那么顺利呢？

"满老师，你是不是以前接触孩子比较少？"校长突然开口。

我之前的工作一直都是对着电脑，接触人都少，更别说接触孩子了。缺乏从事类似工作的经验，没有量的积累形不成质的感觉。而学生是一个个活生生的人，不能单靠想象，否则就会变成逐字稿的背诵。

认识到自己的短板，我也就明确了接下来的努力方向，那就是走入学生的世界，了解学生的生活，倾听学生的心声。

告别了情商机构，我先后来到私立幼儿园和托管班工作，和不同年龄的孩子整天泡在一起。很多出色的教师课下也是学生的好朋友，玩耍有多快乐，上课就有多顺利。对于孩子来说，谁能和他们一起玩，他们就听谁的。现在很多家长眼中孩子的问题，往往也是家长本身缺乏游戏力造成的。朋友之间、恋人之间、家人之间、师生之间，都需要有共同语言。

1.3.3　别怂，用专业披荆斩棘

心理学的课程大多以游戏活动为主，让孩子在玩中不知不觉学到心理技能，为今后的生活和学习工作做好心理素质的准备，这样的工作内容让我很有成就感。慢慢地，我教授的课程越来越多，遇到的学生越来越多，课程掌控的能力也越来越强。大体解决了和学生沟通的问题，新的问题又浮现了，那就是和家长的沟通。

从事家庭教育相关的心理学工作，亲子关系是绕不开的话题。每次下课都会有家长来请教各种各样的问题。

"老师，孩子在家不爱说话怎么办？"

"老师，孩子被欺负了不会还手怎么办？"

"老师，孩子总是乱发脾气怎么办？"

"老师，孩子在学校没有朋友怎么办？"

家长是孩子的榜样，很多时候孩子的问题是由于受到家长不好的启蒙。和家长沟通的时候，很多家长态度很积极，对你说的话也很认可，可就是自己不改。或者说，一些家长根本不想改，只是想让教师帮助学生改。然而，家长不改，孩子很难改。关系是在互动中加深的，只要求一方改，几乎是不可能实现的任务。

每次与家长沟通基本毫无作用，这让我很苦恼，是我的说服力不够吗？

为此，我看了一些关于说服力的书籍，也向周围擅长说服别人的朋友请教具体的话术。可是收效微乎其微，工作似乎遇到了卡点。

这时候，我的一位心理学老师提醒："也许不是说服力的问题呢？"

对啊，我是不是把说服力之类的话术看得太高了，而忽略了更本质的东西呢？教师向家长提出建议的时候，具体的方法并不能真正打动他们。方法太多了，网上、书上、熟人和不熟的人，几乎每个人都能跟你说出一两个不知道对不对的方法。你会听吗？不会，你只会听那些触动到你的观点。

什么样的建议能够触动人心呢？那就是能抓住根本问题的。如果能在和家长的沟通中，运用心理学知识直击根本，自然能增强家长的信任，促使他们开始改变。

这天，又有一位母亲向我求助："老师，孩子总是没规矩，乱动同学东西，总是这样影响人缘可怎么办好啊？"

"您爱人平时管孩子多吗？"

"别提了，我是丧偶式育儿啊。"这位母亲仿佛打开了话匣子，开始滔滔不绝说起自己家中的事情，其间我们慢慢捋清了教育孩子的思路。

这样的效果是我预想到的：第一，孩子缺乏边界感往往和父位缺失有关；第二，和家长共情，换位思考给予理解才能换来打开心扉。

这就是专业的力量！话术固然重要，但是只看重话术这样的"术"未必可以达到目的。学好专业知识，掌握科学的方法，在"法"的基础上运用"术"效果更好。那么在"术""法"上面的又是什么呢？那就是"道"，传道授业解惑的为师之道。

1.3.4　别忘，职业精神永在心中

回顾我从零基础转行心理教师的这一路，是什么让我一路乘风破浪？是专业知识吗？是行业热爱吗？是方向选择吗？是短板弥补吗？是学生关系吗？是家长沟通吗？都是，也都不是。这些都是表面的东西，而促使我攻破这一个个难关的，是我心中那团熊熊燃烧的火焰——职业精神。

无论从事任何一份职业，只要你有职业精神，就会把这份职业做得越来越专业。我们会逐渐靠近心底的愿景，我们会逐渐成为自己想要的那个样子。职业精神是锦上添的花，让专业知识绽放光芒；职业精神也是雪中送的炭，让理想信念坚定不移。

初到一个行业如何发现短板，如何查漏补缺？那就是带着职业精神去实践，去察觉，去分析，去弥补。别怕，别慌，别怂，别忘。愿每个人都能找到热爱的工作，燃烧起职业精神的火焰，不负此生，也愿工作不负你。

奇门君，毕业于香港中文大学哲学系，现任全球知名商会的董事顾问团队，已协助管理及培训超过4 000名企业商家会员提升商业效率，以及实现业务有效增长。现任多家国际企业顾问，16年咨询经验，实体客户超过3万人，学生超过5 000人。

作者邮箱：qimen168@outlook.com

1.4　职场思维局限无法超前预判

曾经我在一家知名企业给他们员工做开年讲座时，说到要审时度势，要提前策划新一年的目标。然后有人问我："我刚才听到老师说，若想把事业做大做好，需要锻炼职场思维上的大格局，但我们这些初出茅庐的打工人，到底怎样才算是有好的职场思维呢？"

他这一问，就让我回想起当年刚毕业时，也曾面对过事业上的抉择。所以就和他们分享了当年的小故事。

1.4.1　认清内心，想明白为何而活

大学快毕业时，相熟的一班同学，都很喜欢讨论大家之

后的出路，以及投身社会后，有些什么期望和想法。普遍都是考公务员、考研，或是找份工作，好好上班拿工资，之后见步行步，这也是现今大部分年轻人的想法。

但是，当年的我并不是这样受社会大风气所驱使，人云亦云。或许是自年少就喜欢更深层的思考，难得未被求职这一件事逼到眼前，尚有时间思考选择，那就更应该好好规划，人生难得来一回，自当选一份更合适的方向，努力充实一下人生。

有一次，我说："以后想走国学路线，用中国传统文化的精髓，为人们指引前路。"人们都以为我在开玩笑，虽然他们有些人都知道我的国学根底很好，又有幸上过名师课，还在大学时期到一些教育机构开班教学，包括中国哲学、国学等。

不过，作为亚洲排名靠前的大学毕业生，毕业后找一份中规中矩几万元工资的工作，还是可以的。再多多努力拼搏一下，十年八载还是能到中层领导，至于想到高层，也不只是努力，还有就是运气了。

在大家的固有思想当中，都认为这些兴趣只能小打小闹，作为副业尚可，却难登大雅之堂。而且当年不像现在的互联网这么发达，有这么多平台可以扬名。当年对于要真正出来执业的老师，还是很讲究的，首先太年轻了，资历就是一个问题，所以大家虽然认可我的能力，却都不看好我在这一行的前途，自然也没把我说的话当真。

不过数年后，当大家看到我纵横商界，受邀为各种企业演讲，又能去世界各地勘察并达到初步成功时，他们才意识到，我当时说的就是心里话。

其实不论做何种工作，都可以看作是赚取金钱的工具，也可以看成是一种生活态度，对人生的追求。若只是想得到一份工资过活，这只是把上班当成维系生物式的生存条件，并不能称作事业，只能说是视作冷冰冰的工具，然后越做越压抑。

趁年轻能想明白自己为何而活，以及想以何种的工作内容来奋斗余生，自然在事业路上多了一份冲劲。内心通透，之后工作再累再苦，也不至于抱怨。很多人怨天怨地，就是一开始没想明白，只想要工资，却不想干活，把工作视作洪水猛兽，总觉得被折磨。其实是自己眼光太短浅，把眼前的小石头看成大山。

1.4.2　眼界决定事业格局的大小

若以成败而论，我在事业的领域，算是做得还不错，尤其是当时网络科技等尚没有现在这么活跃，当年还是必须在线下实体去建立自己的事业，一步一个脚印地走出来的实干年代。

后来很多老同学都说，很羡慕我能周游列国，寓工作于娱乐，每年差不多一半时间都在外地。其次是事业很弹性，工作没有那么多规条，看似想怎样做就怎样做。

他们羡慕归羡慕，我却并没有过于沾沾自喜，这就是眼界和格局的差别。若是真和他们同一种思维方式，那就没有今天的我了。也就是眼界和格局的差距，才成就了今天的我，其实选了哪条路都没有对错，只是每种选择都有其对应的后果要承担。我和他们的区别，或许只是当年的我看得更远，又或是比他们更敢于争取自己想要的生活而已，这就是格局。

眼界，简单来说，就是你看得有多远，这就决定你的层次、你的高度。眼界，也正是格局的入门条件。

举个例子：三个砌砖工人，一个只认为自己是搬砖来砌墙的，另一个人则认为自己是在盖一座楼房，还有一人则是觉得自己在建设一个别墅。你的认知，会引导你前行，然后自然地走进你心中认知的领域，会吸收相关的知识和内容。

十多年后，在一步步的成长下，觉得自己在建别墅的，就有成为建筑师的可能；觉得在建设一座楼房的人，也可能成为建筑开发商的设计师；至于认为自己只是砌砖的，一定如他所愿，仍在砌砖。

若你只看到眼前的工作不顺，那你的格局小得只会聚焦在工作上的琐碎事情，还在为谁做得多、做得少斤斤计较；若你看到的是工作对你的磨炼，多担当是对自己能力的提升，那格局自然又比其他同事看高了一级，未来小有成就自然没太大问题。

或许有人会反驳说，那我就总想着发达，总想着当CEO，那也不代表我真能做啊！大错特错！其一，这是相不相信的问题，若是连自己都对自己的潜力不敢相信，想都不敢想，那就真的不要想了，就安安静静的做条"咸鱼"吧。

其二，眼界有了，能力和心态也要跟得上。正如一开始所说，眼界也正是格局的入门条件，而后续还是要不停地打磨自己的能力，开拓生活的边界，往上而行。单靠空想一翻，或是眼高手低，那不叫格局大，也不叫眼界高，只是异想天开等着天上掉馅饼，世上并没有不劳而获的好事。

1.4.3　格局小便容纳不了其他可能性

格局大小，所掌控的是成长的空间。格局大的人，给自己预留的上升空间比较多，走一步，就已经了解清楚后面的十步该怎样走，可以令自己的成果更大化，走的每步也更有效率，少很多无用的胡思乱想和行差踏错的行动。

格局小的人，既缺乏远观，又缺少自律，做什么事只盯着自己那细小的利益，吃不得一点亏，付出多一点都在抱怨，但相反的一有机会就想偷懒。只懂走一步看一步，不但缺乏成长的弹性，一旦遇到突如其来的变化，只能被动地接受，难有翻身的可能。说到底也只是之前没有及早种下更好的因，这结出来的果，也不会有多茂盛。

其实举几个例子就能明白，为何格局小的人不会有大成就。

例一：老板今天不回公司，格局小的人就盯住不做事，或是觉得没人管，自己也提早下班。若只是放宽一点点，刷一下手机，发一下呆，这种情况还情有可原，人之常情。但作为普通员工，若真的没人管就放飞自我，提早收工，会出现什么后果呢？我们来算一下。

得到的短暂利益可能就是提早回家，感觉就是提早逃离工作环境，可能是多了半日的私人时间，以及少了劳动而赚到的半天工资，以上就是所得。

但是失去的，一是可能会被其他同事举报，即使自己做得小心隐蔽，但若要人不知，除非己莫为；二是老板提前回来，看到你早退，到时自己再找借口圆谎，这必然会给自己的形象大打折扣，同时也让领导对你失去了信任；三是偷懒养成习惯性，人一旦养成了惰性，就很难改回去，偷懒了一次，心里总盼着有下一次，最后导致更没动力工作。

例二：即使日常工作很勤奋，终于升职成为主管，却开始安插自己人，任人唯亲。也许在工作能力上没有问题，但在管理的格局上，却小了。若是再调走一些自己看不顺眼的人，看起来似乎问题不大，但实际上间接影响到工作效率。

很可能不小心就为自己挖下坑，结果得不偿失。

格局大的人肯定是尽量避嫌，如果是工作上的得力助手，当然值得提拔。不过若只靠关系，而又没有太大能力的自己人，就真的切忌任人唯亲，尽量为自己创造人事关系干净的工作环境，提高生产力，才能为未来事业更进一步做准备。

1.4.4 格局就是一种超前预判的思维方式

格局大的人很擅长审时度势，他会提前决定未来的方针，可以不拘细节，但是大方向一定是明确的。我们在辨别及处事的能力提升上，需要时间经验来累积，但是在眼界眼光上，其实我也有个简单的思维训练方法。

反问自己：如果是十年后的自己，回头再看这件事，自己会有什么反应，而又会对十年后的我有什么影响。如果这件事现在做，对未来的自己没有多大坏处，那想做就做吧；但若只是一时之气，图一时之爽，换用未来的自己进行思考，如果最坏情况出现了，结果会为十年后带来坏影响，这时则不要做。其实这个法则不止用于事业的发展上，在人生上也同样有效。

如果现在不努力读书，没能进入好的大学，对未来有没有不好的影响。十年后看回来，缺少好的学历，就缺少一些好的工作机会。那还是现在努力读书争取一下，不要让十年后的自己后悔。

人生很多烦恼都是来源于自己格局小，看得不够远，只为自己眼前的小事喋喋不休，本可以去尽收大好江山，却把精力内耗在无谓的琐事上。日积月累，人生好的筹码都被花光，也没能用在好地方。不要让现在的自己去看眼前的事情，不要被当下的情绪主导自己的决定。要用换位思考来再次分析及看待事情，要用理性来疏导主观情绪。

1.4.5　放眼未来，不要争一子的得失

格局的培养也不是一朝一夕，需要多体验多经历，然后在成功或是碰壁后及时反省反思，排雷改错。要明白，人生的经验都是宝贵的，永不会白费，每一件经历过的事，都有存在的价值。我们只需要把面前的每一件事都以更高的心态去做好，重要的事，能影响未来的重要事件，就要更加专注用心，自然就能成就更好的格局。

如果将人生当成一盘棋局，那么人生的机遇就由这盘棋的格局决定。

也正因为人生如棋，每一步棋的前进，都是交织着未来。一时一地的得失也不用那么纠结，要学懂多看几步，以整个大棋局的形势来思考，而不是把自己屈膝在一个小棋子的角度来看待事物。单看一个棋子，只会因小失大，拖累棋局走向，而让自己格局上升到下棋的人，以宏观的角度观照自己的决定，总能在每次选择里走出适合的步伐。

史凯敏，5年工作经验，曾在大型互联网公司担任数据分析师。擅长数据分析，曾获高校数学建模大赛奖项。

作者邮箱：191654906@qq.com

"

1.5　知识付费总是"被骗"

我毕业时运营工作比较火，于是我的第一份工作便到一家数据公司做了运营，由于我大学学习的是数学专业，公司又有数据分析师的岗位，工作中会接触到代码，跟大学的专业比较接近，于是我对数据分析师这个岗位产生了兴趣，更换了新的职业方向。

1.5.1　什么是真正认可后的付费

当时没有学习渠道，我就在网上找到当地的线下培训机构，打电话咨询机构的培训费用，销售员不在电话里讲培训费用，约了线下面谈。

面谈时销售员先介绍了课程，又"帮"我规划了职业生涯，问了我一些职场问题，刚步入职场的我被问懵了。给我感觉是对方比较专业，谈话期间我问了好几次费用的问题，到面谈的最后销售员才说了费用。

销售员感觉到我的犹豫，然后接着说："可以办理分期贷款，这边有很多学生都是贷款学习的，每个月只需要还款不到一千元，还一年多就可以还完。可以及时学到知识，还不用问家里要钱。"

我在仔细询问后，发现一万元的课程费用，贷款分期后会多交一万元的利息，培训费用翻倍了。销售员想让我留一个报名费，预缴费几百元都可以。我说："我身上没有带钱。"销售员却说："一元钱也可以。"

因为强行让我预付费，我感觉这是一个"坑"，最后找了个借口走了。

现在很多培训都有分期贷款的业务，风险留给学生，现金流留给机构，信用很可能就被无良机构破坏了。学习课程，尽量付全款学习。现在回想起5年前自己差点贷款学习的课程表，水平着实很低，都是一些零散的基础课程。

现在的线上课程大多都有分期贷款的服务，可能你并没有学到工作需要用到的知识，而且还会让初入职场的你背上负债，自己的生活质量会下降很多。如何避免陷入贷款培训的陷阱呢？

第一种陷阱，课程培训以包就业为诱饵，培训后即可上岗。新手期间，夸大就业难度，打压个人能力。诱骗签合同后，上一些低质量的课程，结课后包分配都是一些薪资很低、地区很偏的岗位，比如十八线小城市的郊区。

第二种陷阱，培训扣费的公司，面试时几乎没有要求，薪资高出平均水平。收费的借口一般是：公司不可能免费让你培训，培训是需要花费成本的。签合同后，会给你一些低质量的课程，让你自己学习。

第三种陷阱，培训贷款骗局新形式，合同签订后，让你在手机上跟着指引操作，并且不会提前告诉你在贷款，款项会直接到对方的账户，不会经过你的银行卡，在你不知情的情况下被贷款。期间你会接到一个确认贷款的电话，一定不要确认，确定后会贷款成功。

寻找学习资料时，先在网上找课程试看，最重要的是选择适合自己的课程。如何选择适合自己的课程呢？未入职场的新人要在网上查找工作的必备技能；已入职场的老手要尝试找到自己的领导讨论自己的职业方向，也可以找牛人给自己做职业规划，着重选择自己不懂且在后续工作中能用到的技能课程。

如果你刚入职，职场的路上会有很多艰难的任务，一边学习，一边解决问题，一边完成任务，这样你会成长得很快。

买课程时需要注意，在官网购买正版课程，因为大部分课程附送社群，有专门老师解答问题，花钱节省时间是最划算的。

网上会有很多学习的网站，比如慕课、哔哩哔哩等，看了基础课程后，给自己的专业知识打好基础，了解职业发展的重点知识，再付费购买对应的课程。尽量选择有案例的课程，做出一个案例样板，熟悉案例的流程、问题、细节，将自己学习的技能放到简历上，面试时用作品说话。

面试时如果有试卷，先自己做，有超出自己能力范围的题目，尝试上网查询，面试题一般都是在网上找的题或者其变种。如果查询后还是做不出来，在后续的面试中，一定要把自己的思路讲给考官听，如果没有一点思路，在后面的面试环节中，请教考官这道题该用什么思路解决，给面试官求知的印象。面试考察一个人解决问题的能力，随机应变在工作中是十分重要的，工作中总会有你不懂且紧急的事情需要解决。

结合实际，将自己做过的项目放在简历中，前提是真正懂整个项目，项目的整体思路以及难点要做到如数家珍，不然面试的时候会很尴尬。一定要有自己的思路，而不是简单的做个工具人。

如何写一份漂亮的转正申请呢？这是我写过的一段话——工作是为公司提供价值的同时进行自我成长，在贵公司担任数据分析师一职，不仅可以很好地实践自己的专业知识，还能不断地突破自己的知识壁垒，对于喜欢挑战的我来说，做能力圈范围之外的事能让我的注意力更加专注。

因为公司给到我的工资是市场价的估值，鉴于我的个人成长速度，在这笔交易中公司是划算的。公司花钱买的是我将来在公司的时间所带来的产出，对公司来说，这是一笔划算的买卖。

1.5.2　知识付费是为了学而不是为了晒

几乎没有人买了很贵的课程后不发朋友圈的。你见过这类人吗？至少我是没见过。

买了等于学了，收藏了等于吸收了。人类基因的及时满足感在这点上体现得淋漓尽致。

问题：你买了外卖会一直放着不吃吗？

你当然不会，买了不吃岂不是不太正常？

问题：你买了课程会一直放着不学吗？

反应过来了吧，这个问题和第一个问题是一样的，所以买了课不学，需要及时反省。

提到了及时满足感，此处就要说说知识付费的商业文案。套路通常是这样的，你是不是羡慕别人，因为他们有某项技能，你学了本课程后，就能获得某项技能，从此你就能像他们一样出色。及时满足感是人类基因固有的特征，这不是你个人的问题。如果买课前想一想，之前的课程看完了没有，那么便避免陷入"买课等于学了的幻觉"，课程从产生、销售、购买、学习、习得，这是一个完整的消费闭环。买课程是消费过程的一个环节，只有学了才叫作消费。

知识付费的目的是成长，是消费闭环中的最后一步。然而大部分人只做到了第一步，付费购买课程。付费只是成长的第一步，没有后面的努力，便不会成长，为了避免假性消费，避免自己只是得到了一种"学到"的感觉，一定要让自己完整的经过课程的消费闭环。

要把自己学到的知识运用到工作中，比如我在工作中可以利用Python脚本自动化发日报邮件，每天节省4小时的工作时间，而且几乎不会出错。所以我们学到了知识，一定要想办法用到自己的工作中去。

我在某事业单位工作时，领导必须让员工使用Excel统计数据，做PPT，每天都会加班。当时的自己只是一个取数工具，后来自学了数据库，建立了本地数据库，自动跑数，同事一上午的工作，我只需要几分钟就完成了。

知识是为了让自己的工作效率更高，且不出错。如果大家工作时需要数据，数据组的同事又没有时间，自己简单学习一下取数的代码，要到数据权限就可以取数。数据组的同事给到了自己代码，也可以根据自己的需求去更改，取到自己需要的数据。

毕竟人要自己成就自己，多一项实用的技能，你的工作会轻松很多，多出来的时间可以让自己学更多的知识。

这里还有一点要特别注意的是，要避免成为课程分销，去卖别人的课程。一些知识付费课程不仅卖给你课程，还让你分销。美其名曰，不仅学到了知识，还有钱赚。

你花了自己的时间，卖别人的课程，消耗了自己的朋友圈，扩大了别人的影响力，得到的只是一点点分销的钱，其实是很亏本的。

第 2 章
养成良好心态

步入职场一段时间后，你忽然发现，上班时开始了偷懒状态，总是活在别人的眼光中，导致情绪时常不稳定，听到负面反馈又难以接受，想要改变时，又觉得精力不够用，这些问题常常困扰着你，别怕，本章将带你深度了解并解决这些问题。

胡倩，党校教师，高品质快速写作认证讲师，樊登读书翻转师。长期从事党史党建、个人成长、公文写作等教学研究。

作者邮箱：2250445870@qq.com

"

2.1 对工作提不起干劲

与大多数人不同的是，我虽初入职场，但一个月内就挑战了八区比赛并取得非常不错的成绩；虽来自外省，但一年内就获得了本区多家政府单位、部门的邀约受聘；虽处在产假期，但两次孕期产假内，工作业绩都创下了单位十年历史新纪录，踏入省级地区的舞台。

如今是我工作的第五个年头，一手带俩娃，一手为人民服务，我仍然不断突破自己，尝试线上线下新模式，开辟新领域、新方法学习，不断精进，获得一沓沓的证书，获得省外的授课邀请，始终站在"未来"的高度，既珍惜当下，又不局限于当下，因为我知道：职场不能只求安稳，还要求"动荡"。不断为自己设定成功的频率，那你离成功也就不远了。

2.1.1　设定空杯心态，方能稳步前进

从校园到职场，有人说要学会身份的转变，但我更愿意说，第一步需要的是心态的改变。校园里，你可以是学生会主席，可以是优秀毕业生，可以随时进入图书馆，可以随时找导师交流，但踏入职场后，就如同接触新事物、新领域一样，一切都要从零开始。

你不再是优秀学生干部，也不再是饱读十年的高级知识分子，单位里大概率也不会开设图书馆，你有难题时也没有导师为你解答。一切，只能靠自己。

我就是这样的一位新人，硕士毕业、优秀学生干部、国家奖学金获得者、学生会主席、班级支部书记，还有各类兼职经历，看似"闪闪发光"的履历，其实面对职场中的业务知识、专业知识，自己仍然如同婴儿一般，甚至最基本的常识都会犯错。我对自己说，职场是另一所大学，我带着"空白"是来这里深造、学习的。

当时入职的第一个月，我清楚地记得，领导直接点名喊我参加片区授课比赛，一个片区是八个区，比赛时长不低于两小时。说实话，我的第一秒感觉是"哇，我可以出头了吗"、"我要一战成名了吗"，1秒过后，立即陷入担心，"啊，两小时，我什么也不会啊"。

但理性的我，有一个声音告诉我：既然不会，那就从零起步！怕什么。

就是这个心态，一直指引着我稳步前进，不着急、不焦虑、认真踏实，始终以好奇、空白的心态学习各种新知识和新技能。

那次的备赛，我找出了本领域教材中的最权威内容，一条一条地看，一条一条地思考，结合当下时政特点、社会热点，最后整理出十几条专题方向，并把每一个方向的思路梳理出来，因为我怕专题方向不通过。毕竟，我连单位的具体业务及要求、同事的名字还认不全，就如同1岁的婴幼儿还站不稳的情况，就被要求走四五步，心里充满惶恐。

当我拿给领导审批时，没想到有一半的专题方向都是可取的。最

后综合考虑，确定其中一个。这就是空杯心态的力量。

空杯心态，是心理学上的概念，主要意思就是做事前要有虚心学习的心态，如果想学到更多学问，先要懂得适时把自己想象成"一个空着的杯子"，而不是骄傲自满，要明白天外有天，人外有人。

文学大师毛姆曾提到，唯有庸才，才志得意满。世界球王贝利觉得自己最好的球，一定是"下一个"；国学大师季羡林"三辞桂冠"，认为自己只不过是一个普通的读书匠而已；央视主持董卿，在事业闪耀之时，40岁的她倒掉原杯"央视一姐"之水选择留学深造，后来有了《中国诗词大会》《朗读者》的热门综艺节目。

我虽没有名人那么伟大，但入职前也算是学校里的佼佼者，入职后是单位的高学历人才，但我依旧倒掉了那些荣誉。其实，不纠结于过去是一种智慧；能放下荣耀，是一种能力，也是一种魄力。看似简单，但并不是每一位职场人都能做到的。

2.1.2　秉承绿灯思维，方能走得更远

当敲定好专题后，我开始备课。这远远没有我想象中的简单，既要紧跟国家形势与政策，又要落地到每位学员身上，给他们相关的工作引导和思考方向。我一遍一遍地修改，争取一次通过。当我拿着2万多字的稿子咨询同事时，同事在第一页上就指出了许多毛病。

面对这种情况，如果是你，你会怎么做呢？

每一个字都是自己辛苦想出来、敲出来的，它们就像是我们的孩子一般，被当成宝贝供着。这个时候有人站出来指出问题，很多人都会不满地怼回去，甚至觉得对方是故意挑刺。但对我来说，这就是成长的机会。

我怀着感恩的心态去思考同事指出问题之处的底层逻辑，因为一位具有相关工作经验且成绩还不错的同事给你不同的意见时，对方的主张必定有自己尚未发掘的奥妙。人类潜能导师史蒂芬·柯维也认为，与所见略同的人沟通，益处不大，要有分歧才有收获。的确如

此。当遇到不同声音时，要学会思考；当遇到困难和挑战时，要学会迎接；当"走投无路"时，要学会自我开辟能量。

如何做到呢？我秉承绿灯思维思考，也就是对自己接触到的新信息保持开放的心态，不带有任何偏见或先入为主。与绿灯思维相对应的，就是红灯思维。红灯思维的人局限于自己的认知框架，面对困难总是抱怨命运的不公，面对批判的声音总是觉得自己才是最好的。

比如一个重要会议迟到了，领导批评你，你却说由于早起不舒服、路上堵车、孩子闹腾，况且昨晚还加班，你内心是抵触的。又如工作任务量大，精力不够，你看着其他同事不慌不忙、有条有理的处理，反观自己，却在公婆、配偶之间做智力斗争，生活压力大，每项工作也没得到领导的称赞反馈，所以很厌烦。又或者你面对客户时，对方还没等你阐述完亮点就把你否定了，你会在心里不满，"你懂啥，你根本不了解我们公司"。

这些都是红灯思维的体现，只会注重外部因素，从不觉得是自身原因，始终是消极处理、时刻防卫、找理由反驳。俗话说，人与人之间的差异，就是认知不同。红灯思维如同马路口的红灯，一直需要"停"下来，终将无法继续前进。而绿灯思维如同绿灯一样，不需要"停"，而是绿灯"行"，处于前进状态。

既然是重要会议，就要提前规划好一切事务，包括交通和送孩子上学等。工作量大、精力不够，是不是与自己毫无规划有关。客户中途拒绝，是不是因为你没有抓住开头的几分钟或讲解亮点不突出。如果这样思考，我相信会是另一番景象。

不仅是刚开始入职，我常常运用绿灯思维。在取得几个一等奖后，我仍然秉承此思维。两次的产假期，我正好碰到宪法修改和两年的教学比赛，加之单位及区政府的工作，因为多了几家政府单位给的新身份和两年一度的大型比赛，我在家的工作量远不比单位职工少，甚至还要多得多。

有人说，原本就是产假期，为什么还要接这些任务呢？我知道产假期会增添很多困难，但不想因此而停滞努力。遇到困难就逃避，永远无法长大，一直在"红灯"前止步。所以，我大胆挑战自己，使用绿灯思维，最终收获的不仅是多个证书，更是各项综合能力的提升，同时完美地处理了婆媳关系，感受到感恩心态的美好。

2.1.3 养成复盘习惯，不断迭代升级

回到第一次的参赛经历，虽然没有取得八区第一名，但也还是不错，毕竟，竞争对手都是早我很多年的"老人"，经验丰富。赛后，我进行了非常认真的复盘总结。

其实复盘这种思维可以迁移到任何领域中，比如婆媳关系为什么别人相处融洽自己却是"战火连连"，制订的工作计划为什么没有如期完成，与孩子的交流为什么双方都不愉快，很苛刻的一位客户你是如何成功搞定的，参加专业考试你是如何高分通过的，销售冠军的你是不是运用了共通的秘诀。

我复盘时常采用GRAI复盘思维法：Goal（回顾目标）、Result（重演过程）、Analysis（分析原因）、Insight（探寻答案）。

先从自身看，为什么我一位新人还是能"干掉"几位"老人"没有成为倒数呢？我从自己的备课中有哪些收获呢？

经过分析发现，我的时间管理能力大大提升，原本紧张的日程，我巧用碎片化时间收集故事素材，看到新闻里的某些社会事件就在思考能否运用在自己的课程中。我也利用上班前的早起、下班后的自我延后，来提高自己的专业知识，发掘自己"取胜"的关键在于专业。由此我想，专业是基础。但自己挖的深度不够、逻辑体系上还能继续优化。面对多个镜头讲课时，自己的眼睛总是不自然地眨动，思绪也会受影响。

再从其他参赛选手看，自己能从中学到什么呢？尤其是第一名的老师。经过复盘，我找到了每个人不同的长处。

有人不仅对某个专题讲得很专业、思考的很透彻，而且还能融合到其他学科。有人善于从概念入手，然后解剖它的特点和正反面，像

一串珠子串起整个课程。还有的老师，一开口五分钟就抓住了评委的心，用近期热爆的社会话题、用人尽皆知的图片、用自身发生的一件事、用环环相扣的提问、用一首歌一首诗等，把观众牢牢抓住。

另外，他们的肢体表达、站位走动、声音的抑扬顿挫、面部表情、与观众的互动、首尾内容的呼应、课程中小视频的数量和时长、目录逻辑的结构、案例的拆解等，我都一一做了详细总结。

从这一次的参赛经历中，我复盘了整整三页A4纸。重演了整个参赛过程，找到好的地方、不好的地方，然后写出自己下一步的优化清单。根据复盘出来的条目，我朝着这个目标努力并不断改进。

除了比赛复盘，我在日常生活中也有随时复盘的习惯，日复盘、周复盘、月复盘、年复盘，不仅记录自己的清单计划，也会分析每日事项，让自己处于终身成长的状态。

就是靠着复盘，在接下来的十区大型比赛中，我获得了片区一等奖，下一轮总决赛的二等奖。这次的竞争对手依旧是精英云集，各个区派的都是强将，但我这次为什么进步如此之大，打破了单位十年来的僵局，冲进总决赛呢？因为我把上次复盘的优化清单一一践行，我认真打磨开场的五分钟、一遍遍地修改逻辑提纲、自己用手机一遍遍地录制视频观察自己的肢体语言等。

而在又一届的十区比赛中，我不仅获得片区一等奖，还获得下一轮总决赛一等奖。进步的原因依旧在于复盘。我从上次的复盘中，发现自己授课时过渡的地方有待加强、讲述案例时留给观众思考的时间有点少，讲故事的悬念设置等技巧有待提升，所有这些都进行改正，最终逐渐进步。

而这两次比赛，均在我的产假里完成，除了这个比赛，还有其他比赛、研讨论文等任务。

不仅在比赛中，在我日常工作的宣讲、科研课题、资政报告、团队作战等，我都认真地进行复盘行动，现在已经把这种思维融入身体里，也在不经意间训练了大脑的逻辑思维、带动了家庭的整体幸福指数。

《大学》中说："安而后能虑，虑而后能得。"如果把复盘养成一种习惯，用工匠精神对待事业，在失败中寻找胜利，在胜利中寻找不足，我想没有什么是不可能的。

职场如战场，没有人阻挡你赢，除非你不想赢。对工作提不起干劲，请设定成功频率，对自己说"我是来学习的""我不怕困难和偏见""我要不断更新"，养成空杯心态、绿灯思维、复盘思维，方能在未来的道路上劈波斩浪、一往无前。

谨以我的部分经历献给职场中追梦之人，共勉。

朱逦，长沙青磁心理咨询中心创始人，国家二级心理咨询师，湖南师范大学老师，曾担任山东卫视《爱的味道》特邀心理嘉宾。擅长职场规划、个人心理咨询、心理学、市场营销或文案类授课以及短视频拍摄和制作。

作者邮箱：julie.la@qq.com

"

2.2 总是活在别人的眼光中

我是在儒家思想熏陶下长大的，大概能说话时，就能背诵"少壮不努力，老大徒伤悲""不积跬步，无以至千里；不积小流，无以成江海""书山有路勤为径，学海无涯苦作舟"，因此我从小对"绝利一源，用师十倍。三反昼夜，用师万倍"深信不疑，觉得人只要够努力、够用心，再通过一段时间的磨炼，就能兑换美好幸福的生活。工作以后，我认识了同事小A、小B，两个人不同的工作观念和活法，颠覆了我的认知。

2.2.1 兴趣是最好的减压剂

2014年，我曾经在银行工作过一段时间，小A、小B是我的同事，小 A 在痛苦而努力地工作，小 B 看上去很懒散，但是骨子里却很热爱工作。时间长了，他们的工作效果完全不同。

小 A 对这份工作并不太感兴趣，但是觉得这份工作特别重要，如果能在银行工作三五年，简历会特别漂亮，而且在能力上也能得到很大的提升，还是对自己的一种挑战。于是，小 A 抱着虽然不喜欢，但是应该去做的心态进了银行。但是，不喜欢带来的直接后果，就是工作效率低下。

小 A 开启了努力模式，希望弥补上糟糕的工作效率。她买了大量的业务书籍、在家阅读，又联系了几位在银行工作的学长，向他们请教工作经验，再把上班的时间拉长，从早 8 晚 9 变成早 8 晚 11，希望一切都能变得好起来。但令人惊讶的是，这番操作下来，工作由效率低下，变成了不但低下还错误频出。因为高强度的工作，让小 A 对工作的厌恶成倍上升。小 A 还对业绩较好的同事产生了羡慕、嫉妒、自我嫌弃并存的复杂情绪，然后被卷入到各种人际纠纷当中。小 A 的心态开始变得特别容易崩溃，情绪难以控制。

小 B 是发自内心喜欢并认可这份工作，享受银行岗位给他们带来的社会认可，当对别人自我介绍时，小 B 抬头挺胸很自豪地说："我是在某某银行工作"，周围人立马投来羡慕和认可的目光，尤其在相亲时特别好使。银行稳定的工作，给他带来足够的安全感，毫无顾忌地分期付款买车买房，不存在收入锐减的可能性；小 A 所谓的"努力"，在小 B 眼中是一种放松模式。

当小 A 加班，心心念念想回家时，小 B 觉得加班真好，不用面对家庭的诸多琐事。当小 A 费劲心力地讨好客户，觉得疲惫不堪时，小 B 觉得找客户聊天去，就当放松了。当小 A 受到委屈泪眼婆娑时，小 B 想的是如何解除这个误会。同样的工作内容，小 B 在生活，而小 A 在生存。

有一天，小 A 闲聊时和我说："我突然意识到，'努力'意味着你并不喜欢某件事，只是通过理智的方式逼自己做这件事。如果做这件事，自己能沉浸其中，乐得其所，就不叫'努力'了。"有人说努力通宵玩游戏吗？答案是没有，只有努力工作、努力学习、努力减肥这些动作。兴趣是最好的减压剂，而不是重要、不是努力。于是我们在"如何快乐而高效地工作"上展开探讨。

2.2.2　寻找适合自己的工作方式

我利用心理学知识，给小A做了一个职业剖析。

小A的家庭是严母慈父型，从小到大一直和父亲关系不错，但是受到母亲的影响，总觉得父亲在事业上不够有出息，工作也只是拿工资，毫无出人头地的可能性，所以小A在事业上特别渴望短时间内一鸣惊人、光彩夺目。我心中是有些窃喜的，小A的这种成长经历，其实是有助于她在大企业工作的。

心理学家荣格认为：母子关系指向融合，寓意亲密，父子关系，指向疏离，寓意规则。意思是，和伴侣的关系是和母亲关系的延伸，和领导的关系是和父亲关系的延伸。当一个人和父亲相处融洽时，他就有和领导关系相处融洽的天赋，当她和母亲相处融洽时，她就有和伴侣相处融洽的天赋。从这个角度分析，小A适合在大企业里生存。

然后我问小A："你不开心时喜欢一个人待着，还是希望找朋友聊天聚会？"

小A说："希望找朋友聊天。"

这个问题找到了小A自我疗愈的方式是朝内还是朝外，朝内自我疗愈的人，适合做技术类不和人打交道的工作，当他抑郁不安焦虑时，完全不会影响他对着电脑画三个小时图，但是如果此时让他去参加社交活动，他可能会失态。

像小A这种自我疗愈朝外的人，很适合做与人打交道的工作，虽然社交也会让她疲惫，但是修复的速度特别快，而且她能让客户疗愈她，比如客户的一句肯定和认可，都能让她开心好久，觉得自己的工作是有意义的，但如果在她烦躁不安的时候让她去做财务报表，一定会错误连连。这时候，我找到了问题的关键，小A现在一直是在做文职工作，每天对着电脑，烦琐杂乱、死气沉沉，所以这份工作总是让她疲惫且没有成就感，她需要的是一份有人能和她互动的工作。

最后，我还要找到为什么小A一开始会排斥讨厌银行的工作。通过层层分析，她自己也逐渐意识到自己的观念受到了母亲的影响，觉得父母经常吵架的原因就是父亲的工作没法满足母亲的期待所导致的，所以她对当平凡的上班族有潜意识的排斥；第二个原因就是，从小母亲教导她"少壮不努力，老大徒伤悲"，让她觉得普通的生活是一种堕落，会让自己没有安全感；第三个是价值观的原因，她觉得有钱、有地位才会受人尊重，所以现在平凡的自己，不可能过上如意的生活。

我们对这三个原因又展开了探讨。

2.2.3　寻找积极的自我认知

其实有时候我们不得不承认，童年的生活模式、父母的相处模式，对我们是有潜移默化的影响的。大部分的影响是积极的，小部分是消极的，还有一部分是过时的。积极的影响渗透到生活的方方面面，并不会注意到它。消极和过时的影响会阻挠我们适应社会和应对生活，比如小时候父母总和我们说，吃饭时安静吃饭，不要说话。放在5岁的时候，这个规则是合理的，但作为25岁的销售员，与客户在饭桌上谈生意时，再遵循吃饭时不说话的习惯，就不太合适了。所以我们要找到那些消极的、不合时宜的规则和观念，需要打破它、更新它，而不要一直活在童年的认知和惯性当中。

对父母关系的认知，是最需要更新的观念之一。很多时候子女作为第三方，只看到了父母一方受委屈的时候，而没发现是什么让彼此打打闹闹依然过了一辈子。就像小A的母亲，表面上是嫌弃父亲工作没前途，但事实上，他们结婚时，母亲看重的是父亲为人老实善良，如果真的在意工作，可能就选择了其他人，而这个问题只是用来吵架的幌子。看上去母亲忍受了父亲一辈子的碌碌无为，其实父亲也忍受了母亲一辈子的暴脾气。

"每个家庭，都有自己的互动模式，可以不认可，但是需要尊重。"我对小Ａ说，"你不要过分地介入他们婚姻的互动模式，你自己过好了，他们婚姻的压力也会减轻的。"小Ａ听后点点头。

生活是什么样的？生活就是中午吃饭、晚上睡觉。中午吃什么？晚上在哪里睡觉？为了解决这两个问题，就需要赚钱。谁陪我吃饭，谁陪我睡觉，就需要朋友或亲人。我和这个谁相处开心吗？如果希望相处开心，就需要认可和被认可。我赚钱的方式我自己喜欢吗？就需要自我实现感。这就是马斯诺的需求层次理论。

生活的最终目的仅仅是为了吃个好饭，睡个好觉。生活的愉悦感、成就感、幸福感也应该从这些平凡的点滴中寻找，比如做了一个美梦、看见一朵漂亮的云、吃到好吃的可颂、自己泡的咖啡很美味，都值得去观察体会其中的美好，而不要把对生活的期待放在别人身上，别人说我胖了，就决定中午不吃午饭，别人说我性格不够开朗，就去买本书学习沟通技巧，别人说都是我的错，我就心存愧疚。

麻烦你离这个"别人"远一点好吗？活在别人对自己的评价中，很难获得发自内心的自在和愉悦，反而会丢掉那个真实而美好的自己。因此，并不是钱和地位才能让生活变得美好，只要能活在当下，体验当下的美好，就能有幸福感。生活并不缺幸福感，缺少的是发现幸福感的眼睛。

只可惜，有些人坚信没有好学历就永远翻不了身；苦是当下，乐是永远抵达不了的未来；爱情婚姻是生命的累赘；众人皆自私；人间不值得，等等。他们还未成年就消耗完一生的活力和希望，余下的人生只剩下抑郁和退缩，躲在虚拟世界中，不知自己能活到几时。这些人需要花费很多年，很多精力，才能学会成为一个饿了会做饭，困了能睡着，没钱了会自己去赚钱的平凡人。值得庆幸，小Ａ还能快乐，还有期待，还有很多信心和力量去争取她想要的未来。

不久，小Ａ给自己的生活做了三个调整，工作状态开始慢慢变好。

（1）写日记，把自己今天觉得开心的事情记录下来，不开心的事情也写下来。她开始相信平凡的人生，也能过上幸福的生活。

（2）和父母进行了一次深刻的沟通，她母亲认可银行这份工作，觉得值得工作一辈子。同时也承认了对父亲最大的意见并不是工作的碌碌无为，而是觉得他不关心她。

（3）她和领导谈了想从文职岗转到业务岗，领导同意给她机会先尝试一下。

和小A聊过不久，我便离开了银行，成立了自己的心理咨询工作室，几年后再见到小A，她已经是最年轻的中层干部了，自信而充实。

周一武，华南理工大学工程硕士，任广州市某事业单位高管。参与2010年亚运会会场整饰工程获二等功。评茶师，业余茶修16年，是一名终身学习者，自2010年至今专心研修中国传统文化以及茶道文化，定期举办茶道茶会传播茶道文化。定期在微博、微信、抖音、喜马拉雅等自媒体平台发表身心个人成长文章、音频和视频。

作者邮箱：459455344@qq.com

"

2.3　情绪时常不稳定

经历人生51年的春秋，特别是这几年是百年未有之大变局在加速进行，作为一名广州某事业单位高管干部，旗下有几十亿元市值的物业，管理一百号员工，还有农产品业务、乡村振兴业务和再生资源管理等业务协助，事业总体稳步向上。

自我感觉工作在举重若轻和有条不紊中完成，与家人和谐相处，相比同龄人还是精力充沛，而且看上去比实际年龄少5~10岁。我能感受身边的同事和朋友人到中年的不容易，但本人总体感觉还是平稳和自在，最重要的原因源于我从小就喜欢锻炼身体和看心理学、精力管理的书，这些好习惯对我高考考上"985"大学、考研和工作中出色完成任务（特别是2010年迎亚运获二等功）帮助很大。

2.3.1 专注情绪需要掌握方法

你可能听说或者尝试过各种各样的方法来提高精力水平，比如时间管理、番茄工作法、GTD工作法等一大堆。你可能发现问题有一些改善，但是没有得到根本的解决。为什么呢？假如我们每个人都是一台汽车，我们的人生就像是一场拉力赛。时间管理就是每天安排我们比赛的日程，而精力管理就是提升汽车的状态。如果你这台汽车的状态本身就不好，各种爆胎、漏油、发动机马力不够，那么你就很难取得这场拉力赛的胜利。

精力管理包含管理身体和情绪两方面，一般的人只能注意到身体方面，如体能，并且从饮食、睡眠、运动和疾病预防这几个方面进行管理。

体能好了以后，你就好像换上了十二缸引擎的汽车，马力就很强劲。但如果情绪不好，暴力开车，汽车也会很快报废、甚至发生车祸和到达不了目的地。新闻中有很多高性能的汽车经常出车祸，还有一些人由于情绪控制不好最终走向吸毒和犯罪的错误道路。所以专注情绪稳定是我们精力管理的上层建筑，是我们每个人都需要掌握的方法。

专注情绪需要掌握方法，并且不断地练习。就好像体操运动员一样，通过不断地训练，形成肌肉的记忆。人的情绪其实是一样的，你只要通过合适的训练就能够自如地控制自己的情绪。

关于专注情绪稳定的三条技巧：

第一条，让我们的大脑在一个时段只能存在一种情绪。

第二条，认识到相比正面情绪来说，人脑更容易产生负面情绪。

第三条，人可以通过自主的训练来控制情绪。

首先看第一条，人的大脑在一个时段只能存在一种主要的情绪，真的是这样吗？

打一个比方来说，人的大脑就像一台电视机，有很多不同的频道。它可以放悬疑片、喜剧片、爱情片，但是一次只能放一个频道。

故我们尽量选择正能量频道的片子来看。

其次看第二条技巧，是相比正面的情绪来说，人脑更容易产生负面的情绪。

这是因为进化的选择。因为人在进化的过程中，我们的第一个任务和最重要的任务，是要活下来，而不是活得开心、活得幸福。要活下来，就需要我们的大脑有一种保护机制，就是对危险和潜在的不确定性产生恐惧和担心，对"损失"比对"获得"更敏感。所以我们在大多数时候都容易莫名其妙地产生一些恐惧、焦虑、忧虑的心理，甚至是莫名其妙地产生负面情绪，这都是正常的。

最后别忘了第三条技巧——我们可以通过训练来控制自己的情绪。

打个比方说，我们每个人手里都有大脑这个电视机的遥控器，你可以学会切换它的频道。

美国有个著名的心理学家，叫作芭芭拉·弗雷德里克森，她曾说："我们每天的正面情绪和负面情绪的比例要大于3∶1，才能维持积极情绪的正循环。"所以，你要保证自己每天的正面情绪在四分之三以上。也正因为如此，你需要主动地去切换情绪的频道。

2.3.2　如何激发正面情绪

那么如何才能激发出正面情绪呢？下面我为大家介绍三种方法。

第一个方法叫作热启动练习（Priming），它可以帮助你激发自己正面的情绪，让自己感觉到快乐、感恩、兴奋、坚定。接下来我会详细介绍，并且带着你来做一遍。

热启动练习是美国的著名人生教练托尼·罗宾斯自创的一套方法。他每天都会练习，并且他指导过很多名人，像奥普拉、克林顿，都是这个练习的粉丝。

这套练习非常像你去运动之前做的热身，可以想象一下，如果在一个寒冷的早上，你要出去跑步，你前面十分钟是不是会觉得很难受？

但是如果你在家里做好了热身，出去的时候就会感觉大不一样。热启动就是帮你的情绪进行热身。当你做好了热身，出门的时候遇到再多的困难或者挑战，你都能够积极地应对。

热启动练习包括了五个部分，完整的练习需要15分钟的时间。

（1）呼吸的练习。

（2）感受你的心跳。

（3）回忆你值得感恩的事。

（4）想一想你值得改善和庆祝的事。

（5）想一想你的三个目标。

我自己每天都做这个练习，可以提醒自己感恩的事、值得分享的事、庆祝的事以及我自己的目标是什么。这些都是我们需要的正面的情绪，当正面的情绪被激发出来，就好像是身体做了热身一样，更容易抵抗寒冷。

第二个方法就是把焦虑的事情写下来并且列出相应的对策。为什么写下来能够减轻我们的焦虑感呢？因为焦虑的发生常常有两个因素。

一是过度专注，也就是我们常说的钻牛角尖，这需要我们转移注意力来缓解。二是我们找不到解决的方法，觉得担心，但是没有答案，导致焦虑泛化。

所以把问题写下来就能够让注意力转移到纸上，而不是问题上。写出解决问题的方法，就算不完美，也能朝解决问题的方向迈出一小步，焦虑感就会随之减少。

第三个方法是借助食物和医生指导下服用药物。比如找良师益友喝茶聊天，正能量的良师益友的聊天可以让大家处于正能量的频道，然后喝茶的茶多酚也是有让人愉悦的因子。

平时我一天都喝几道茶，早上回到单位先整理自己的办公室，然后沏上一壶好茶，整理这段时间的工作总结和下一阶段的工作安排。上午十点请下属或者同事喝茶吃点心，布置今天的工作和排解同事的情绪，让大家心情愉悦的工作。中午午饭一般不外出应酬，饭后午休半小时，补充睡眠让下午更加精神。下午四点是下午茶时间，我们会喝茶或者喝现磨咖啡，咖啡有咖啡因让我们充满精神和愉悦。现代职场人经常有工作挫折是正常的，焦虑和抑郁一两天是正常，如果长时间焦虑、抑郁无法缓解就要通过医生服用药物化解，这是非常正常的事情，我们要了解情绪会引起心理疾病，然后会影响人的身体健康。

　　总结一下，精力管理虽然分身体健康和情绪健康两部分，可以简单粗暴分为硬件和软件，但是这两部分是互相影响的。我认为情绪是上层建筑，一定要专注情绪的稳定，否则会"车毁人亡"。情绪最需要专注意义感，就是有长远的人生目标，那么对于近期的问题和困难都会因为自己长远的理想去克服和解决。

　　情绪不好的时候要专注解决，如冥想练习、瑜伽、太极拳等刻意练习会取得好的效果。平时每天借助悦性食物（如茶和咖啡）来提升幸福感，如果长期焦虑和抑郁就要积极找心理医生用药物化解。另外运动除了锻炼身体肌肉之外，其实也有让情绪舒畅的效果，因为有氧运动能产生多巴胺，让人的心情愉悦。

葛畅，本科就读于上海财经大学管理学院，硕士毕业于鹿特丹伊拉斯姆斯（Erasmus）大学金融经济系。曾任安永（中国）上海办公室金融服务机构部咨询顾问，现于STX集团荷兰阿姆斯特丹办公室任固定收益部亚洲区负责人，6年工作经验。热爱金融经济和心理学，拥有跨国转行工作的经历。擅长跨文化沟通、客户关系管理。

作者邮箱：707689520@qq.com

2.4　无法接受负面反馈

身在职场的你，在收到负面反馈后，是否有以下表现？

（1）感觉委屈、不服，自己明明没有错，为什么被骂。

（2）马上找原因反驳，马上找借口搪塞。

（3）在众人面前感到尴尬、没面子，感觉当众出了丑，自尊心受损。

（4）一想到批评自己的那个人，就一肚子火。

（5）再遇到事情仿佛没了自信，老是怀疑自己的能力不行，办事缩手缩脚，对工作产生畏难情绪。

（6）开始逃避可能会收到负面反馈的场合，不敢挑战困难任务。

如果你的答案为"是"，别担心，你绝不是一个人。曾经初入职场的我就是妥妥的"玻璃心人"。

2015年，我本科毕业，入职了一家"四大"会计师事务所的战略咨询组，在上海陆家嘴办公室上班。作为成绩优异的优等生，又是家里的独生女，从小在老师、同学和家长的夸赞声中长大，我是敏感而骄傲的。自尊心尤其强，好话都不一定听得进，更别说批评了。这个"玻璃心"的特点，让我这个职场新人，在工作上屡屡受挫。

记得在一个项目上，当时的上级对我上交的文档经常提出负面反馈——"这个不对，不应该这么写""这不是我想要的""怎么还没改好呢"，等等。我的内心每天都在崩溃。每个错漏，好像都是在说"你太差劲了""你真没用""这点小事都做不好，还能干什么啊"。

压力常常大到睡不着觉，心理也非常委屈。但领导好像看不出来，依旧从不表扬，只有批评。每次出现问题，我都感觉世界末日到了，自尊心和自信心严重受挫。有一次，情绪上怎么都过不去，下班回家后大哭了两个多小时。说实话，当时完全没想过该如何改进工作，让自己适应上级的要求。只是捧着自己碎成玻璃碴的小心脏，完全没理会批评的用意，反而频频跟上级置气，甚至还用邮件吵过架。久而久之，这位上级看我这么难磨合，也不愿意教我了，转而去找其他新人一起工作。

在职场上有"玻璃心"是很危险的。第一，心理上，抗压能力差，工作压力大，调整恢复情绪的时间长；第二，工作上，同一件事，能扛住负面反馈的同事马上就纠正了，而你还在崩溃和找借口，同样的工作成果费时更长，工作低效，成长缓慢；第三，人际上，关系失衡，受不了负面反馈的人，会让领导和导师觉得"玻璃心"的下属难带，难以建立互信关系。你的人缘和口碑也会受损，毕竟谁都不想跟一点就着的"炸药桶"合作。

当年我"玻璃心"的代价就是：工作低效，升职慢，人际关系失衡。想要成为高效达人，务必要打碎"玻璃心"，练就"钻石心"。

2.4.1 为何接受负面反馈这么难

话说回来，为什么接受负面反馈就这么难？

我们先来定义一下负面反馈是什么。职场人通常会得到两种反馈，一种是正面反馈，是管理者在员工做对事情时给予的反馈，比如肯定、鼓励、支持、表扬和赞美，希望员工把做得出色的点维持下去；另一种是负面反馈，是管理者在员工做错事情时给予的反馈，比如质疑、挑战、反对、批评和责备，目的是让员工及时进行纠正和调整。

从生理原因上看，对负面反馈的"战斗或逃跑反应"是刻在人类基因记忆里的。接受负面反馈难在：你很难控制大脑和身体的一系列应激反应。人都有求生存、求安全的本能，在原始社会的生存环境中，被大群体排斥是会危及生命的，所以大脑会对这类信号非常敏感。在众人面前收到负面反馈，就属于这种危险的信号。哈佛大学的坎农教授提出的战斗或逃跑反应解释说，人们在感到有害事件、攻击或威胁生存时，大脑中控制情绪的杏仁核会释放压力激素，产生激素级联反应，为战斗和逃跑做好准备。在压力之下，人会心跳加快、血压升高、思维能力受限、难以冷静下来，会奋力为自己的错误辩解，找外界原因和借口，希望赶快逃出被批评的困境。

从社交心理层面上看，每个人都期待被人喜欢。接受负面反馈难在：它挑战着接收者和反馈者（及其所在群体）的关系。每个人都希望在团体中找到归属感，成为集体里重要的一员。《社会性动物》一书中写道："我们最强有力的动机是与他人建立有意义的联系。我们喜欢被人喜欢。我们喜欢那些喜欢我们的人。实验室试验表明，我们更喜欢同意我们意见的人，而不是不同意我们的人。与那些批评我们的人相比，我们更喜欢那些赞美我们的人。"

负面反馈相当于从社交账户中支取额度，对关系是一种伤害。负面反馈容易让人受伤，让人感觉自己明明不是那样的人，为什么对方会这么说，对方一定是不了解我。收到负面反馈的人，自然对反馈者有反感。更何况，职场人总有被替换的危机感，我们当然更喜欢表扬而不是批评了。

2.4.2　正确认识负面反馈

那既然接收负面反馈这么难，我们为什么还要揪着它不放呢？因为，反馈很重要。负面反馈甚至比正面反馈更重要。

反馈本身是了解他人怎么看你的良机。你发现了没有，职场"是什么"有时候不重要，"看起来是什么"更重要。或许你觉得对方批评得并不准确，但这也许就是你在他人眼中的形象。大家应该都见过，餐馆、酒店、机场、大公司门口挂着的"意见箱""客户意见反馈表"。经营者挖空心思地想了解客户是怎么想的。通过意见反馈才能维持做得好的，调整做得差的，让客户更满意。职场也是同样的道理，你的目标是高效工作，让管理者满意，为组织创造价值。反馈，就是了解"别人怎么看你"的最直接途径。

在所有的反馈当中，正面反馈当然多多益善，但负面反馈更要珍惜。我们生活在一个快节奏的人情社会，大家忙着自己的生计，很多时候根本没有时间精力理会旁人。评价对方的时候，为了和气生财、互相留面子，经常只说好话，把坏话留到八卦时间说，或者只在心里对你翻个白眼，很少有人会当面指出你的问题，得到他人真诚批评的机会太少了。而且，职位越往上做，你会发现，听到的赞美和吹捧越来越多，负面反馈越来越少。真心为你好、对你说些不讨喜的"坏话"的人，也许正是最为你着想、最期待你进步的人。感激都来不及呢！为何不珍惜这些机会，好好地纠正调整呢？

再者，你也许不知道，高手才会主动寻求负面反馈。畅销全球的《坚毅》一书中写道："高手们会如饥似渴地寻求外界对他们表现的反馈。他们最想听的主要是负面反馈，他们更感兴趣的是他们做错了什么，这样，他们便可以进行修正。"

负面反馈听多了，只要改进执行得当，总有一天，你会转而收获大量的正面反馈。

2.4.3　4个方法应对负面反馈

相信你已经了解了反馈和负面反馈的重要性，如何做一个应对负面反馈的达人，我总结了以下4点。

1. 正面地想

这是反直觉且非常考验人的一点。请你带着感激和赞赏的心态去承接负面反馈，而不是用战斗或逃避的态度。

我曾经亲眼见过情绪管理高手的处事之道。有一次因为一件与客户沟通不当的事，我们大总监十分激烈地批评了我的小主管经理，而且是当着整个新人团队的面，讲得很大声，说了起码有5分钟。然后，她低着头、闷在座位上，好像快哭了。我正为气氛的尴尬而不知该说些什么的时候，令我惊讶的是，也就过去了1~2分钟，我的这位小主管经理就抹了把眼睛，调整好了情绪，开始部署事情的解决方案了。

当时我在心里想，她不愧是团队里"0差评"的中层干部，面对负面反馈，能有如此快速的情绪复原力，不辩护也不生气。经历过的人都知道，这是非常非常难的。

2. 辩证地听

不得不说，管理者们的表达方式不一定合情合理。某些负面反馈中，掺杂了"对人不对事"的因素，需要你辩证地听取。你要有一定的判断力，要把负面反馈中"对事"的部分和"对人"的部分理清楚。反馈者的信息发出后，作为被反馈者，拒绝还是接受，决定权最终在你自己。

对人的，如果仅仅是负面反馈者自己需要用夸张的表达来发泄的、因为人际连带关系而看你不顺眼冷嘲热讽的，或是看到你在做对自己未来有益的准备行动而嫉妒的，大可"一只耳朵进一只耳朵出"。只要不是恶意的人身攻击或骚扰的话语，都尽可能忽略掉、过滤掉。但是，对于某些行为上的不合规、不合理、不合适，对工作无益甚至有害的，一定要虚心听取。

对事的，涉及工作表现的，要竖起耳朵听。对于工作流程、进度、沟通方式、内外配合、期待表现、目标成果、考核指标、软硬件能力，等等的负面反馈，要认真、仔细地听。在听的过程中，你可能同时也有情绪要消化。不怕，尽量不要辩解也不要生气，尽量去听关键词，去发现自己的工作事实与反馈者的反馈意见之间的差距在哪儿。听不懂就马上追问，这时候"我不明白你的意思，你能再解释一下吗？""你是指……吗？"都是非常好的沟通技巧。听明白了"差距"，才是建设性反馈。

3. 及时地做

在职场上，收到负面反馈并不可怕，对方反馈了之后，不跟进、不找解决方法才可怕。

通过以上两点，你已经适当调整了情绪、听懂了"差距"，下面就到了执行的步骤。在工作节奏快的环境里，请及时执行关键反馈，弥补差距，运用PDCA循环法检验改变的效果。

目前，我在荷兰阿姆斯特丹的一家金融机构工作，日常有大量的客户沟通任务。在刚入行的时候，每天都会收到领导和同事们的一系列负面反馈。比如，"你总是打断客户""嗯嗯啊啊的语气词太多了""讲解产品时太啰唆，半天没讲到本质""你没听到客户在说……吗？为什么不继续聊下去"，等等。

有了之前"玻璃心"的教训，我知道职场中没有绝对的谁对谁错，大家的出发点都是为了更好地工作，大多数人不会为了说你而说你。所以，我开始要求自己2分钟内去掉情绪，冷静下来听反馈，在心里和口头上都表达欣赏和感谢。我还会把关键词记下来，把我的做法和前辈们的做法写在笔记上，比较出差距来，然后打上星号，在下次与客户沟通中，坚决执行更优的方案。由于及时纠偏、执行和检验，我的实力提升得很快。

4. 聪明地跟

短期来看，想了、听了、做了就可以了。长期来看，最好能在自己周围营造一种每个人都能开放地提出并接收反馈的环境，为此，我推荐用"汉堡包沟通术"聪明地跟进。

汉堡包沟通术，就像两片面包夹住一片肉饼一样，用首尾两次的正面信息包裹中间的负面反馈，让被反馈者轻松地接受批评。具体方法是：第一句，用积极的肯定来打消对方的防卫心理；第二句，表达你的批评、建议或不同意见；第三句，以积极的期待结尾，告诉对方改进之后有什么好效果。

比如，你的实习生迟到了。这时，与其说"已经10点半了，你知不知道看时间啊？迟到了你今天能加班干完活吗？"不如用汉堡包沟通术，改为说："（1）自从你来实习，真的帮了我很多忙。（2）今天你10点半才到公司，比公司要求的8点半晚了2个小时，希望你以后注意一下时间。（3）以后如果有事会晚到，希望你能提前跟我打个招呼，一来这是一种好的职场习惯，二来你我都可以提前规划工作时间。你觉得如何啊？"表扬＋批评＋期待，第二种方法，是不是听起来舒服多了？

自从打碎了"玻璃心"，开始把负面反馈当宝藏，我的工作更加高效了。体现在：

（1）因为积极倾听、认真纠偏，把基础性工作一件件做到标准之后，我接触到了更大的职责范畴（升了职也加了薪）。

（2）因为应对负面反馈能力强，抗压能力获得肯定，前辈愿意倾囊相授。

（3）因为不找借口也不生气，跟同事和领导的关系和谐，大家愿意反馈真实的想法给我，配合顺畅而默契。还在公司中建立了虚心学习的好口碑，利于职业发展。

虽然收到批评的当下还是会有抵触、不安的情绪，但后续想想，我从中学到了很多，非常值得。要相信，你也可以！扛住负面反馈，合理应对，工作效能会出现质的飞跃。

朱振坚，"80后"返乡青年，自由创译者，早起达人。曾在入职第一年带领最佳团队创造千万销售业绩，获得公司最佳团队称号。

作者邮箱：254850837@qq.com

2.5　精力时常不够用

当我坐在电脑桌前，写下这段文字的时候，时间正好是早上五点二十分，窗外还是漆黑一片，并没有听到什么声音，是啊，冬天谁会起这么早呢？

小时候喜欢看武侠剧，那时的我，以为这个世界上一定存在什么神功秘技，能够让一个人脱胎换骨，因此在我成长的过程中，我就一直在寻找生活中的神功秘技。

很幸运的，这些神功秘技被我发现了，它们很可能对大多数人有所帮助。

2.5.1 找到早起的理由

我来自农村，毕业于普通的院校，毕业时找了一个普通的贸易公司上班。公司是专门销售大宗商品的，说好听点，就是中介公司，把货从别的地方买进来，甚至不用运到仓库，再转售出去。

这家公司已经做出一定规模了，也有了自己的仓库。我们这一批入职有十个人，经历培训过后，就开始进行一个月的轮岗试用。

一开始是由两人一组出去上门推销。相信有过推销经历的朋友一定记得，第一次上门推销的那种感觉：不敢进门，犹豫，然后是脸红、心跳加速。归结为两个字就是：紧张。即使进了门，也是直接递名片介绍产品，接下来就不知道该说什么好了，现在回过头来想一想，这样的推销成功率该有多低。

半个月的时间，我们这组两个人也只找到一个意向客户，订了一点点货，还是我的同事主导的，他的性格相对比较外向。

接下来的半个月，公司就把我叫回来，把我分到前台，工作内容就主要是协助接打电话和报价，而和我一起的同事被分到采购部去了。在前台的半个月时间里，我接听过几个电话，光应付报价和下单就有些手忙脚乱了，只好在一边协助前辈同事打印复制传真。

一个月很快过去，公司评估过后，我和另外两个同事被分到业务开发的部门，专门负责外出跑业务推销。而这一次是一个人出去跑业务，没有人会陪着你、带着你，只能靠自己，对于性格内向的我来说，可想而知有多难。

尤其是在第二个月的时候，另外两个同事陆续有出单了，而我还一个单子都没有，那段时间，焦虑和着急都写在我的脸上，在食堂吃饭都觉得有些不好意思。

但是我也知道，这是我的第一份工作，不能轻易放弃，可是能有什么办法呢？从性格上开始改变吗？太难了，所谓江山易改，本性难移呀。

既然如此，那么有没有什么办法可以避免这个缺点呢？还真有！

当时想到的办法就是电话销售，在没有订单的日子，我就打销售电话，多的时候一天打了两百通电话，除了打电话就是外出跑业务。

在打电话的时候，我也发现了，大多数电话都是被拒绝的，别人不需要或者觉得是推销，当然会拒绝了。那么，怎么样让别人无法拒绝呢？或者说，怎样能不要我打电话，而是别人打电话给我呢？可是别人都不认识我，怎么打电话给我呢，当然可以，那就是利用网络，那么问题来了，我没有时间去开发网络客户。

早上要七点多才起床，匆匆吃完早餐坐上公交车去上班，到公司就是打卡，准备开始新的一天。开完早会，在公司要打电话，认真推销，并且要外出跑业务，晚上又经常开会，哪里来的时间去做网络客户开发呢？再加上忙活了一天，到晚上回到出租房的时候，已经十点多钟，都累得有些不想动了。

面对这样的现实，我真的是有些无助，即使辞职，去到另外的公司，同样也会面临类似的情况，也就在那个时候，我听到了同事说我们三个人是任其生灭的员工，如果能做好业务就留下来，做不好就让我们知难而退，离职。

我不想就这样离开，因为自己真的不甘心，我必须解决这个问题，这第一份工作，无论如何我都要做好它。既然晚上不行，那就早上早点起来，比如早起一个小时怎么样，我想应该是可以的，于是我把闹铃定在了早上六点钟。

闹铃一响，我就起床，刚开始几天身体根本不听使唤，总想着把闹铃按掉再睡，早起一个小时不行，我就把时间重新调整下，调整成提前半个小时起床，这样就感觉好多了。

很快，一周后我就把时间提前到一个小时起床了，因为半个小时真的不够用，并且我还把闹铃放到了卫生间，也就是我醒后手够不着的地方。因此，每天早上闹铃一响，我就必须起床走到卫生间去拿闹铃，在按掉闹铃的时候，顺便打开灯和电脑，开始着手在网络上开发业务。

在早上怎么做并非关键，关键是早起一个小时，让我有更多的时间去探索新的可能，即使你只是做前台的工作，你也可以利用早起的时间来提升自己。而我则用早上时间来尝试新的销售方法，开拓新的机会，虽然我当时并不知道，网络推广其实是非常棒的一种方法。

于是从第三个月开始，我除了在公司打电话和外出跑业务外，早上开始进行网络开发的业务。很感谢那时的我选择了早起，在第三个月的时候顺利开了单，并且不止一单，也正是我早起的努力，让自己有了很多网络客户的订单，顺利留在了公司，并拿到了当年的"销售最佳新人"称号。

在这里，我试着用自己曾经的销售新人的经历来说明，如果你也想要实现早起，一定要找到自己早起的理由，这个理由，可能是你的梦想、你的渴望、你的承诺、你的不甘心，当然，也可以是业绩或者是金钱。

如果你不知道早起的理由是什么，那么现在最重要的任务就是找到它，有什么事情是你不去做就会遗憾的？有什么是你梦寐以求的？你想要为家人做点什么？你想要变成什么样的人？

早起还有非常多的好处，不仅可以用来开拓新的机会，尝试新的方法，还可以用来提升自己。可以说，早起仿佛是一个元技能，你可以利用早起这个元技能，学习任何你想要的技能。

2.5.2 保持精力充沛的方法

可能这时你会和我说："我知道早起很好，我也有目标想要去实现，可是就是做不到，早上闹铃响了也总是按掉继续睡，而且一旦我早起，就觉得睡眠不足，感觉精力不够。"

在我拿到"销售最佳新人"称号之后，我就有些志得意满了，毕竟自从我早起开始做网络客户开发之后，就不必再辛苦外出跑业务了，只是在有需要的时候才出去跑一跑，很多时候都是客户直接打电话来找我。我只需要在办公室忙订单及跟进发货就可以了。

这样一来，白天在单位也可以做一做网络客户开发，因此有时候我就想，何必那么早起呢？当我有这样的想法时，我就不那么积极早起了，闹铃响了之后，我有可能会直接按掉，继续睡，直到响好几回才起来。

而晚上，应酬稍微多了一些，我也不想那么早睡，有时候甚至要到12点后才休息，如果晚睡了，早上就更不想起来了。这不成了恶性循环了吗？加上有时候我又强迫自己晚睡早起，从而又导致白天的精力不足。

这种状态是不是很熟悉？我想我的经历会是职场人士的常态，很晚才睡觉，偶尔激情来了就早起，平时又后悔不该睡那么久。

渐渐的，我发现只要在办公室的电脑前坐一会，颈椎、腰椎就有些疼，我还那么年轻，怎么会这样呢，难道这就是亚健康吗？

某一天周末，我和同事在烤火，突然间，我就开始往下倒，还好他立马接住了我，不然我就会扑到火炭上，而我对此却毫无知觉，他扶起我来之后，我才有觉知，还不知道刚刚发生了什么事。

我马上去医院做了检查，医生看完我的检查以后和我说："血糖偏低，有点贫血，但是问题不大，你是不是经常睡眠不足，或者晚睡早起？"我点头回答是的，他接下来就和我说："你这就是长期睡眠不足引发的，长期下去保不准会出大问题呢，即使年轻，也不可太拼命了，身体才是革命的本钱。"

我听了赶紧问医生需要做什么，他的回复是："对此我还是有些心得的，如果你能照做，一定可以改变你的情况，甚至改变你的人生。"而他所给的建议就是：晚上少吃点，早睡早起，每天保证8个小时的睡眠时间，每天用10分钟练习一下回春瑜伽。

就这么简单？我有些怀疑，也有些学到神功秘技的感觉，回春瑜伽又是什么呢？

虽然我有诸多怀疑，但还是按照他说的去做了，把时间调整了一下，依然还是六点起床，但我的睡眠时间改成了九点半到十点，这样我就可以保证自己每天睡够8个小时。

我发现改为这样的作息后，第二天很容易就醒过来了，甚至都不用闹铃了。当然，为了能够每天早起，我还是把闹铃定好，放在卫生间里。

一旦我走进卫生间按闹铃，就完全清醒过来了。清醒后，我就开始练习医生推荐的回春瑜伽。这套运动在网上就可以查到，还有视频指导，只有五个动作，很容易就可以学会。

我还学着把晚上的饭量减半，一开始会容易饿，但是很快，我就习惯了晚上少吃。

就这样，按照医生的建议，我坚持了三个月，感觉效果还不错，我的腰椎、颈椎不再觉得疼了，即使在电脑前坐几个小时也不会觉得累。

好像挺神奇的，可是一点也不神奇，这其实是很正常的，原来精力不足，不想早起，是因为睡眠不足，只要保证充足的睡眠，身体就会自然醒过来。通过数学计算，我们就可以知道到底什么时候该睡觉，比如想要在早上五点起床，那么休息时间就要调整成九点。

而晚上少吃，那么用于消化的能量需求就减少了，自然就会有更多的能量来给身体休息和恢复，这样早上就更容易清醒了。加上早上的简单运动，让身体变得更有活力，其实做什么运动也并非关键，关键是选择一个你喜欢的运动，比如跑步、跳舞、瑜伽，都是可以的。

在这里我想提个小贴士，那就是运动的时候要用鼻子呼吸，如果运动到要用口来呼吸，那就是运动过度了。

2.5.3 掌控时间

想想看，当你早早起来，有比别人多一个小时的充电学习时间，并且拥有充沛的精力去面对一天的时候，你的效率会有多高。既然早起可以用在工作上，应该也可以用在生活上，让我们的生活变得更丰富，答案是：确实可以。

一直以来，我都为自己没有看过名著而感到惭愧，因为名著很厚，我就觉得必须要有很多很多的时间才行。

开始早起后，我的时间越来越多，也有一种掌控时间的感觉，于是我开始尝试在早上拿出30分钟出来，每天看一章名著，就从《红楼梦》开始。经过四个月的时间，我终于把这部名著完整地读了一遍，也不再觉得有什么书是不能看完的了，除非不想看。

通过早起，真的可以做很多的事情，做什么是由你决定的，你从此可以有时间去做自己想做的事，学想要学习的技能。

你也可以很早就来到公司，在其他人来到公司之前做好一天的工作计划。当别人还在执着于零碎的时间管理时，你通过早起，已经把自己最重要事情都做了，完全掌控了自己的生活。而美好的一天，就可以从充实的早起开始。

纵观我的早起经历，如果想要实现早起，就要做到以下三点。

第一，从思想观念出发，重视早起，找到早起的理由。早起是完全有可能的，在早上你可以完成所有自己想要完成的伟大梦想，无论是什么样的梦想，只要你把自己认为最重要或最感兴趣的事情找出来，放在早上来实现，这会让你更有动力去早起。

第二，早睡，保证充足睡眠。这一点怎么提都不为过，如果要早起，就不得不早睡，通过早起来倒逼早睡，而一旦你养成早睡的习惯，早起就会变得容易许多。

当然，在前期不必要求完美，比如提前15分钟休息，提前15分钟起床，慢慢增加时间，但是睡眠时间总体上要保证，有的人或许只要7个小时就可以充足睡眠，这个要看自己，而在周末，也可以有一天给自己任意睡觉的时间。

可能很快，你就不会满足于早起15分钟，而是会早起一个小时，甚至两个小时，这个过程可能需要一个月适应，也有可能要通过三个月才能完全达到，每个人情况都会稍微不同。

第三，重视饮食，能量充足后再加以运动。如果早起都觉得困难，就不要着急运动，从晚上少吃一些、吃慢一些开始，然后渐渐地，你会有更多的能量，想要做一些运动，这时就可以开始选择一项你喜欢的运动了。

相信，通过我的分享，你也可以学会早起这个神功秘技，给自己的工作和生活带来全新的改变，只要你按照我所说的去实践，你肯定可以轻松并精力充沛的做到早起。

最后，推荐两本非常棒的关于早起的书给大家：《早起的奇迹》《早起魔法》，但愿以上分享能够对大家有所帮助，如果你对早起还有其他疑问，也欢迎与我交流。

第 3 章
把事做到点子上

当我们调整好心态，是不是又觉得行动跟不上了呢？遇到多项工作不知如何协调，同时又没办法合理安排工作时间，做完的工作无法可视化，做事总是没有重点、没有条理，遇事找不对方法，没有计划的时候越忙越乱，有了计划后又总是被打乱，一直找不到自己的工作目标，以上这些情形都属于没有把事做到点子上的表现，本章我们就来看看如何解决这些看似简单实则复杂的问题。

李文，复旦大学硕士，在世界前100强大型外资制造业有20年以上的工作经验，从事过销售、项目管理、工厂运营等。带领过100人以上的团队，多次实现从0到1的突破。在新媒体时代带领团队从事跨境电商、外销等新行业。自己在不断学习，也在不断地带领新人，一起进步。

作者邮箱：mulan0624@qq.com

"

3.1 对多项工作不能兼顾

我在名不见经传的某大专毕业后，进入一家电子产品公司做仓库管理员，是蓝领工人级别。在这个岗位上，每天要干体力活，同时也要操作电脑。

没有人告诉我职场发展是什么意思，我也不知道自己想怎样发展。

由于工作压力大，导致办公室的计划员不断离职。在连续离职了好几任之后，经理只好亲自上阵，找我替他打下手。

于是我一边做现场的蓝领工作，一边代理办公室的白领工作。从打印和复印的文员工作开始，我靠着吃苦耐劳的狠劲和做工作计划的巧劲，用半年时间便从基层蓝领工人晋升为办公室主力计划员。再也不用按部就班地熬资历，迅速成为了职场高手。

3.1.1 工作计划的第一原则：不影响他人的进度

刚接手工作时，经理只是要我帮忙打印、复印等，这些不需要多复杂的技能，只要细心就够了。做了几天，经理觉得我很细心，做事也敏捷，就让我往电脑里输入订单。订单的数量、价格、日期等重要信息都是经理决定好的，我只是帮他做打字员的工作。

动作再迅速，输入订单也要花很多时间。输入的时候要仔细看清内容不能输错，输完了要预览，预览后再打印，之后给经理审核，有时候还要修改。但当仓库和车间现场有人在召唤我时，我便需要两头跑，时间有点仓促。

经理看出了我时间不够用，他只是简单地告诉我一个原则，不管有多少工作，首先要做完的就是别人都在等着你的工作。

比如仓库要每天发放物料到车间，没有物料车间就会停线，上百号工人只能等着，无法进行工作，所以这个工作一定要及时做完。

还有，供应商送来的物料仓库要点收，然后通知质量部门检验。不收货，司机就要等在工厂门口，有些物料质量部检验也需要24～48小时才能出结果，这些工作也一定要及时做完。

但是，仓库的5S整理、盘点、整理资料等，是我自己一个人做的，不影响别人的工作进度，这些就可以排在稍后的位置进行。

经理没有跟我讲重要的还是紧急的这些概念，他只是告诉我，我要把那些我做完第一步其他人才可以做第二步的工作先做完，让其他人能按时开始工作，再做只跟我个人相关的工作，不能影响别人的进度。

这个浅显的道理，后来我发现书里讲到重要又紧急、重要不紧急、不重要但紧急、不重要不紧急的四个象限，以及MS Office里项目软件讲到的"前置任务"等，本质上和经理讲的一样。

于是我把每天要做的工作做成计划，分成"跟他人相关""只跟自己相关"两大类。跟他人相关的基本上都排在计划的前段，要先做，只跟自己相关的可以后做。按这样的计划执行后，在我身后催我的、抱怨我做事慢的情况明显少了很多。我能不被打扰地做事后，效率明显提高了。

3.1.2　预见困难，早做预案

随着工作越来越多，我发现光是"不影响他人"已不能满足我很好地完成工作了，我需要更好的工作计划来安排更多的工作量，并提高工作质量。

正式的计划员招聘并不顺利。经理看我表现不错，有培养潜质，除了输入单据、打印复印等文员工作外，还开始教我如何跟踪采购订单，与供应商沟通。

一个订单需要与供应商讨论好几个回合，他们回复不及时需要催好几遍，当我正在做其他事情时，他们忽然提出其他要求，我的思路便又被打乱。

第一轮沟通由我进行的，即由我发出订单，如果供应商答复是可以，我需要做好跟单登记；催了不回复的，或者答复不可以的，我需要立刻汇报给经理，由他跟进，然后再通知我结果。

我的做法并不是推卸责任，把难做的事情都推给领导，只是把力不能及的事情，及时反映给领导，避免工作滞留在我手上，耽误时间。

分出工作的难易程度，及时请求帮助，也是工作计划中的重要部分。

能做的工作及时做，有难度的工作及时汇报，能得到上级的及时解决，我再接手，就顺利多了。经理和几位"难缠"的供应商沟通了多次后，把工作流程重新梳理，后续我再跟进订单，就变得很顺利。

另外，我会先和那些经常说"不可以"的供应商沟通，这是给那些供应商留出足够的时间，也给经理留出足够的沟通时间。

除了及时请求帮助外，对内的工作我也会提前思考哪些会是瓶颈，提早做计划。比如每周五，办公室都有几个总结性周会，我一天就会忙于做统计报表和开会。但如果周末两天车间要加班，周五也同时需要我准备两天的物料。

所以我会在周四提前看车间的安排，如果周末两天车间都上班，周四下午我就开始准备物料，并且会请车间主管周五早晨就把物料领走，而不是等到周五下午再做。

我请他们提前配合，告知对方我遇到的困难，大多数同事都是愿意配合的，即使有少数不配合的，也不会给我造成很大的不便。

这大概是"笨鸟先飞"的另一种解释吧，如果我完不成工作，我就早点开始工作。预见了瓶颈，就要早做计划，早做准备。

及时发现瓶颈，提早做计划这一点，与"不影响他人的进度"的原则是相互配合的。

当我时刻以"不影响他人的进度"为原则时，就更能察觉哪些时候我会"影响他人的进度"，而我及时地、尽早地做了预案后，不但没有影响他人，我自己的工作也推进得更加顺利了。

3.1.3　身兼数职，学会使用计划表

随着接触的信息越多，我越能理解工作的逻辑，这时候我身兼两职的优势开始显现。

一般的公司里，仓管员是蓝领工人，负责做体力活和简单的输入数据。办公室的跟单员和计划员，负责看电脑里的数据，跟外部沟通。

但电脑信息是有滞后性的，光靠看电脑和打电话都不能及时获得现场一手信息。这要靠办公室职员勤快地去现场查看，但大部分办公室职员不愿意这么做。只有经理会每天到现场巡视。

我因为现场和办公室两边跑，反而成了除经理外，掌握信息最全、也最及时的一个人。同事们问我数据，我不看电脑也能背出来，

没来得及更新进电脑的信息，我也比他们早知道。做的工作越多，我对各种信息的理解能力越高，同事也就更信任我的判断。

但是我的焦虑也更多了——事情太多，怕忘记，事情一涌上来，做了这个就丢了那个。好记性不如烂笔头，我只好开始登记工作计划表。

我要做的工作，除了上文讲到的是与他人相关还是与个人相关外，还可以按时间频率分成每天的日常工作，每周或每月的周期性工作。

收发货的动作、输入单据等，是每天的日常工作。一周一次发采购订单，是每周的工作。开周会、做周报、5S整理，也是每周的固定工作。跟单、跟供应商沟通处理问题，是随时要做的日常工作。

在计划表上，我把每天早八点到晚八点，按一小时分一格，几点到几点要做什么都填进去。随时拿着计划表，做完便划掉，再看下一个小时要做什么。

一天过完回看这张计划表，反省一下哪些没完成，为什么没完成，哪些时间是一事无成被浪费的。这种复盘很有必要，除了不遗漏工作任务外，也能警示自己今天浪费了多少时间，下不为例。

每天都会遇到紧急会议、突发质量问题、电脑系统死机等，会有好几个小时忙忙碌碌却一事无成，没有工作计划表，时间过去就过去了。有了工作计划表再回看，才会发现原来每天因为这些琐事浪费了那么多时间，每周浪费了那么多时间，也更加意识到，一定要好好做计划，把握每一个小时。

拿着这张表，我心态平静，要做的事情我不会忘记，浪费的时间我会反思。这张表格用了一段时间后，我的焦虑就减轻了很多。未知才会让人焦虑，但既然知道要做什么，我不会忘记，也不用别人催促，就不再紧张了。

3.1.4　不浪费每一天，才能不浪费每一个月

很多人看到这里会想，一人兼两职，加工资了吗？有什么好处？我没有加工资，除了更忙、更累了，似乎没什么好处。反而因为多做多错，招致的批评也多了。甚至身边笑我"求上进"的人也多了起来。但我并不认为自己吃亏了。

作为职场新人，我只是想先找个工作养活自己，对前途和职业发展没有概念。通过身兼两职的工作，让我明确了人生目标，不管是蓝领还是白领，我要做专业人士，我要成为让人信赖的主力。这份见识，是无价的。

半年的时间，我从蓝领工人成长为了部门主力，既掌管现场也参与办公室的运作。现在已经越来越熟练，考虑事情也越来越全面。我有了办公室职员的正式头衔，但也没有全部放弃现场的工作，一些关键事务比如盘点、对客户发货等，我还在继续。

我每天的工作计划表格还在更新，还在不断复盘、优化、计划。除了每天的工作计划表外，我还制订了长期的计划，比如这个月，我打算整理电脑系统的数据；下个月，我打算把所有采购数据汇总分析交给经理；再下个月，新项目我要从研发阶段就参与进去。

除了月计划，我还制订了一年内要看哪些工具书，考哪些证书的计划。不浪费每一天，才能不浪费每一个月，不浪费每一月，才会不浪费每一年。

半年的时间从蓝领新人再到成为独当一面的白领，我没有背景，没有高学历，资质平平，凭借着一股吃苦耐劳的狠劲和做计划"步步为赢"的巧劲，不用按部就班慢慢熬，半年实现了职场飞越。写到此处，我想说，既然我能做到，你也一定可以做到。

陈斯琦，会计硕士、注册会计师、公司财务负责人，并担任多家公司财务顾问。擅长财务体系梳理和搭建、财务管理、税收策划、精细化核算及运营等。创业者，为客户提供高效的财务管理咨询服务。时间管理达人，坚持凌晨四点早起1000天，并利用晨间时间读书、写作。正向生活的践行者，用积极、乐观、自律的心态滋养自己，影响他人。

作者邮箱：496220076@qq.com

3.2 无法合理安排工作时间

我曾经是一个每年都写年度计划，但到年底计划通通落空的人。我常常给自己设定很多目标，但是到头来却一个都没有完成。每当新年的时候，望着过去一年没有实现的目标，心有惆怅。同时站在新年的节点上，望着新的一年，内心又会升腾出许多的希望。就是这样一个从来没有完成过年度计划的人，通过时间管理掌控时间，把一天过成48个小时，让自己效率翻倍，超额完成年度目标，让自己加速成长。

这些年我最重要的三个习惯，让我拥有了多重身份，从完不成到超额完成，从拖延小白到高效能人士。希望我的经验也能够帮助此刻正在阅读这篇文章的你，通过掌控时间，实现人生效率的翻倍，把自己的一天过成48小时。

3.2.1 不拖延，对自己说"加油"

有一种伤害，叫作彩排式伤害。所谓彩排式伤害，就是伤害并没有发生，而我们会给自己预设很多的困难、障碍，最终会因为这些假想出来的困难导致停滞不前，甚至计划失败。面对自己不够熟悉的、没有完全掌控的事情，我常常不够自信，遇到事情习惯性地会找很多借口。但也正因为没有完全掌控，才有了成长的空间。比如，客户不好沟通、自己能力还不足、还需要再准备、别人看笑话怎么办……诸如此类的借口，让我还没有开始行动，就已经心生畏惧。也因为如此，错失了很多机会。

为了摆脱这种拖延和畏难的心理，我给自己订下了一条原则：如果一件事情，对自己的发展是有益，就先勇敢地说"加油"。

1. 少想多做，先干起来再说

刚毕业的那几年，因为找不到方向，特别迷茫，如"小马过河"一般，经常是到处都想尝试，但又不敢实行，用大量的时间与自己的内心斗争，从而浪费了大量的宝贵时间和精力。后来就让自己不要多想，先尝试着做起来。真正开始做的时候，就会发现自己之前假想的问题都没有发生。

2. 把注意力放在如何实现上

事情一旦开始，注意力就会转向如何实现上。

我在想要早起的时候，给自己设想过各种困难。比如，早上太冷、会打扰家人休息、白天会不会犯困、早起困倦效率低下、起不来怎么办，等等。这样的困难和借口，还能想出更多条。这么多的困难，想想就退缩，不想开始。但是我对自己说，不要想，先做起来再说。不论如何，先试试。把这些各种可能的困难都放在脑后，就是认定目标后坚定地执行。

当我把困难放下，目光就盯在了如何做到上。之后的关注点，都是我如何让自己的早起时间更加高效、如何优化自己的时间安排。事实证明，当我开始行动的时候，情况远比自己想象的好很多，那些想象的困难一个也没有发生。

早起这件事情，让我真正做到了，想要做什么立刻就去行动。因为这一个小小的转变，我的人生获得了很多的机会和令自己惊喜的成长。

3. 勇敢说"加油"

刚创业做财务咨询的时候，没有客户，就主动去尝试，珍惜每一次机会。非常真诚地为客户服务。

记得刚开始有一个客户找到我，说想要提升企业的财务管理水平，对我说了很多他所遇到的财务管理困境。那个时候我才刚开始创业，没什么经验。当他给我说了需求，并向我确认意向的时候，我一口答应了下来。如果换作以前，一定内心挣扎，给自己预设各种困难，担心不能完成任务。但是我先答应下来，不给自己退路。因为我相信自己有这样的能力和基础，而我能够保证的是竭尽全力，在过程中绝对努力。事实也证明了，我超预期地完成了客户公司的财务体系升级，帮助他实现了业务的增长。

要勇敢地对自己说"加油"，用立刻行动代替拖延，把自己的想法固化在如何实现上面。开始的练习，可以先从对自己说"加油"开始，在过程中不断努力，去实现自己对事物的掌控能力。因为不拖延、不内耗、不纠结的方法，为我节省了大量的时间成本和精力成本。也因为始终处于行动中，我的时间密度比原来翻了几倍不止，效率得到了大幅提升。

3.2.2 设定目标，守住关键要务

目标决定方向，没有目标就如同海上没有方向的漂流瓶，不知道自己将会到达哪里，也不知如何到达。

我们每天都会遇到各种各样的事务，常常忙碌一天下来，反而不知道自己一天做了什么。这个问题的关键，就在于我们没有守住自己的关键要务，是不是被各种细节琐事牵着鼻子走了？

1. 目标要清晰、具体、可执行

比如我在接到咨询项目的时候，我给自己设定的终极目标就是，如何帮助用户创造价值。这个目标太空洞了，会让我找不到下一步的行动方向。于是，我会根据客户的情况梳理需要完成的目标，并罗列出项目计划、实现目标和实现周期，以及项目最重要的节点和需要解决的问题清单，这份清单就是我的关键要务。

这时，我会把大的目标分解成具体的行动步骤，比如先要了解客户的业务情况，只有有效理解主营业务，财务体系的搭建才是可落地、可执行的，然后要深度了解客户的需求，有哪些方面的诉求、想重点解决哪些问题，再结合专业的意见给予反馈。通过这样的方式确认客户的目标，也就是接下来具体的项目目标。

之后就是要分解成可执行的小目标，用结果倒推实现路径。比如客户想要精细化核算、想要重建核算体系，并搭建自己的财务报表体系。这个时候第一步并不是先盲目地设定科目，而是要根据用户的需求，了解其业务的实际情况，设定需要的财务数据，并编制相应的管理用报表，并根据需要的报表数据找到数据的获取来源，从而搭建符合需求的科目体系。

这样一步步拆解下来，并给每个小目标设定实现周期，整体的目标执行才会有的放矢，而不是望着一个总体泛泛的目标摸不着头脑。接下来，每一个具体的小目标，就是在这个时间周期里的关键要务，守住了小时段里的关键要务，整体目标的进度和实现也就有了保证。

2. 学会说"不"

面对纷繁复杂的工作和突如其来的各种事项，要学会说"不"。专注自己的精力，把最重要的事情一件件完成。

在日常的工作中，经常会面临各种各样的突发事件，这个时候我们的精力往往会被这些紧急重要的事情拉走，如此一来，我们往往会被别人的进度和需求牵着鼻子走，忙忙碌碌反而没有完成自己的关键目标。

我在做项目的时候，常常被下属的各种问题所打断。一会儿可能是软件出现解决不了的问题，一会儿可能是账务处理出现了异常。自己就像救火队员一样，四处解决突发状况，最重要的工作反而常常完不成。为了解决自己时间精力分散的问题，我给自己定下了一条规定：每天上午精力最充足的时候，用来处理自己的关键要务，其他人或事不能随便打扰。如果下属或者部门有其他事情，可以先汇总起来，或者让大家先去主动思考，而不是一有问题就向上汇报。

如此，也利于下属的个人成长和能力提升。在每天下午，我会留出让下属汇报问题的时间，这样一来，我就成了时间的主人。让大家知道我的时间安排，也让其他人有计划地安排自己的工作，尽量对紧急事件做出预判，让工作井然有序。

3. 时刻检视自己的目标

确认了阶段小目标后，就是最重要的执行阶段。在执行的过程中，我会不断地检视自己有没有在正确的轨道上面前进，而不是被其他事项所牵绊。

每天工作完成后，我都会对着自己的目标，检查一下是否按照进度完成了，有哪些需要改进的，哪些是做得不错需要改进的，目标有没有偏移，是否需要调整。这样的梳理让我确保了自己在大方向上不出错，也确保了工作有序地向前推动。

3.2.3　早起，上班之前就完成一天中最重要的事情

能够同时在多个角色中游刃有余，并且超额完成自己的年度目标。我还有一个最重要的时间管理心法，就是早起。

随着项目越来越多，我也变得越来越忙，时间成了我面临的一个现实而又亟待解决的问题。那个时候除了担任公司财务负责人，还承担了多个公司的财务顾问，再加上刚刚成为一个新手母亲，还有日常的自我学习、精进，根本无暇分身。没有时间成了最大的问题。这么多的身份和角色，让我一度很焦虑。

自从有了孩子，生活上、时间上都多了很多的不确定性，也缺少了很多自由。我想每个母亲都深有体会，相信父亲也会有相同的感受

吧。孩子醒着的时候要陪伴，孩子睡着了，那是珍贵的自由时光。即使自己一天下来已经筋疲力尽，可还是会撑到很晚，做任何想做的事情，似乎只有这个时间才是自己的。每天睡觉的时候都有一种很舍不得的感觉，好像在起床的时候，时间又不属于自己了。

我哄睡孩子后，会继续爬起来处理工作或者读书学习，孩子睡着后的时光实在是太难得了，我终于有了自由的时间，那个时间我真的很想好好自由的呼吸，通常会猛刷一会儿手机，或者看看自己喜欢的东西，想想接下来的计划，思考一下需要处理的问题。

通常这个过程结束，大概就是十一点钟了。于是开始学习，其实根本没有效率，可能还没有进入状态就开始犯迷糊，精力不集中了。现在想想那段时间的努力，真的就是假努力，因为没有效率，只是在消耗时间，让自己相信自己很努力。这让我心里有很深的负罪感，觉得今天的计划没有完成。那段时间因为晚睡早起，加上晚上频繁起夜，身体大不如前，在每年的例行体检中居然查出高血压、脂肪肝和甲状腺的问题。

我开始意识到问题的严重性，我需要改变，需要把自己这种和孩子对抗、和自己对抗地拧巴状态转变成顺应的状态。我想找到能够让自己成长的时间和养分，重新规划自己的时间，于是我想到了早起。

说起来容易，可是真正做起来并不是那么简单。

每个人都尝试过早起，不管是上学时被迫早起，还是自我要求想要进步的早起。但是我们是不是一直在重复一个循环：觉得早起很有意义，于是第二天开始早起，当闹钟响起的时候，非常不情愿地看下表，才这么早，要不再躺会儿吧，反正也没什么事。这一躺再醒来的时候估计就很晚了，既然没起来，要不就算了。于是，周而复始，回到旧时的作息习惯上。

1. 早睡才能早起

你有多少时间是被手机悄悄偷走的？有一句话是这样说的，你熬的不是夜，而是寂寞。很多人虽然工作到很晚，但是效率并不高，一会儿看看微信，一会儿看看抖音，一晚上忙忙碌碌过去了，可是并没有什么工作效率。睡觉之前躺在床上还要刷一会儿手机。这样的时间分配，第二天肯定是无法早起，即使起来也很疲倦。

这就是我那段时间的工作状态，每天有无数的工作，常常被迫熬到半夜，但是工作效率并不高。那时候也会早起，但是勉强起来后不到一个小时就会困意十足，早起的状态并不好。

后来我发现，早起的关键是早睡。

保证适当的睡眠时间是非常重要的。我们需要的是顺应自己的生物钟，而不是去做一些违反人类本能的事情。因为每天哄睡孩子的时候我都非常困，有孩子的母亲都有经验，哄孩子最终的结果通常是把自己哄着了。以前我都会克制着自己不要睡着，因为我还想着孩子睡后的自由时光，可是越这样想越难哄睡，感觉每次哄睡都是一种煎熬。

可以想象，在一个漆黑的屋子里躺着，什么也不能干，睡着应该是一件顺其自然的事情。后来偶尔我发现，当我抱着和孩子一起睡的心态时，我就非常享受这段入睡前的时光，而不是心里一直想着：孩子赶紧睡觉吧。

因为跟着孩子的生物钟，我养成了早睡的习惯，还顺便摆脱了睡前刷手机的坏习惯，可谓是一举两得。

只要完成早睡，早起就会变得简单起来。

2. 不拖延，先动起来再说

万事开头难。真正到四点起床的时候还是有困难的。刚开始早起的时候是冬天。北方的冬天太冷了，尤其是清晨，我想没有人不会贪恋那一点点被窝里的温暖。这时一定要有坚定的信念，一定可以早起。闹钟响起的时候，不要想太多，用行动代替你的思维。哪怕只是起来坐一会儿也可以。开始了才能有后来的故事。

3. 每天睡前写好第二天早上的目标

我想早起还有一个很重要的原因，就是明确这个时间段里你需要做的事情。当你目标明确的时候，其实起床就会简单很多。如果没有明确的目标，你会因为无所事事而放弃这项计划。我当时因为还有工作，下班后还要陪伴孩子，给他做启蒙教育，工作之余还要兼顾公司的财务管理，同时还要备考，真的是没有一点点多余的时间，所以那段时间，获得一段不受打扰的自由时间的动机是非常强烈的。

4. 早起的第一件事

早起的第一件事，我通常都是写每天的计划目标，今天需要做的事情，或者先写每日的复盘。当我把自己的目标一步步拆解到可执行的每个行动的时候，我的目标感非常强，早起的意义也会非常明确。因为那不是违反人类本能的行动，而是你的梦想。所以第一件事非常重要。当你每天早上开始审视自己的目标，并明确今天可以实现的小目标以后，人是没有困意的，大脑会很兴奋，想到的都是如何高效率地完成今天的任务。

这也是我能够坚持下来的一个很重要的内在原因，非常清晰每天早上起来的时光是用来做什么的。当你明确以后，清晨的时间是非常高效、直奔主题的，不会去理会那些琐碎的事情。

5. 正向激励与反馈

当我开始早起的时候，同时也会在一个叫小来的公众号上面打卡。那种时间累积的数字会激励你不要中断，坚持下去。当我每次看到小来上很多人比我起的还早时，自己就会很有动力，想要靠近光，并成为光。

因为早起多出来四个小时，给了我很多目标完成的快乐和心灵自由的时候，这件任务就变得异常的可爱。

　　这1 000多天的清晨时光，是每天最难得的自由时光。也是我得以加速度成长、心灵得到滋养的心流时光。无数个清晨里，我思考人生的意义，思考前进的方向，不断地进行复盘总结，不断地规划路径，不断地读书学习，让我收获颇丰。每天在开始工作之前，就让我完成这一天中对于自己来说最重要的事情，让我一整天都处在一种很自由的状态，轻装上阵。即使同时需要切换很多角色，也能游刃有余。

　　时间对于每个人来说都是非常公平的，每天都只有24小时，但是有的人在24小时的时间里能挤出48小时的工作效果，而有的人有充足的时间却还在抱怨没有时间。对时间的掌控，不妨从以上几点开始尝试，你也会成为一个能够掌控时间，把一天活成48小时的高效能人士。

　　愿时间都能成为我们成长的巨大动力，找到自己的养分时间，合理利用，更加接近自己想要的人生。

饶金祥，专职律师，主要业务领域为刑事辩护和企业法律顾问，在业务办理中取得过一定成绩，含不诉、撤案、缓刑、减轻处罚等案件结果。热衷于写作，微信公众号"量子律学"主理人，日常分享法律观点、个体成长、律师职场等相关内容。

作者邮箱：469802516@qq.com

"

3.3 工作无法可视化

生活节奏越来越快的当下，我们对于一切事务都希望能够尽最大可能高效、快捷，已经不习惯静待花开，反而更钟情于不断"催化"事物的发展。

比如现在国内的物流派送，已经把我们"宠坏"了，在下单的那一刻起，就急迫地想要掌控全部的运输动态，在快递流通的每一个环节，我们都被满足"可视化"，快递公司也在尽可能满足我们的迫切需要，从三日达发展到次日达，甚至当日达。

节奏明快在某种程度上确实不如古人的清风徐来般悠然自在，也让我们对一切显得更加急迫，但这是世界发展带来的变化，生产机器可以昼夜不停地运转，也让我们比古人更多、更广、更深地体验了这个世界的丰富多彩。

既然这个世界变化太快，那么在我们个体的成长之路上，无论职场还是其他，如何找到"捷径"，然后迅捷地到达目的地？我的一种方法论是：用案例打败时间。

在此需要明确一下，本文对"案例"的定义并不狭隘，可以是律师的法律案例，可以是工程师的建筑案例，可以是销售员的营销案例，也可以是小品演员的表演案例。

总之，要建立自己在某领域的专业话语权，案例为王，正面的案例积累可以更快地为自己的发展撕开一道口子，也可以用案例奠定个人成长的高度，用案例打败时间。

3.3.1　选对入口，扎根积累

刚步入社会的年轻人，往往孑然一身，空无一物，除了用不完的时间和精力，并无过多的积累，包括让行业认可的案例。

若是连一份可以作为谈资的案例都没有，那么个体在行业内的快速成长就显得好高骛远。此时的解决办法是：无论高低，先找到所处行业的团队或者公司，一头扎进去，让自己置身其中再说。

我想起一位年轻律师同行小 C 的故事。

小 C 大专毕业后曾在酒店做服务生，期间自考本科，后又通过法考，于是心中燃起要做律师的渴望。小 C 曾经来过我们律所面试，对比当时几名面试者的各项条件，小 C 未被录用。

因为之前是通过我联系她前来面试，所以小 C 有我的联系方式，加了我的微信，稍许问候表示希望以后有机会来学习之后，我们双方便失联在微信好友列表中。

随后可以时常看到小 C 的朋友圈动态，看到她短短一年时间内，做过保险、信用卡和活动策划等各式各样的工作，看她这样一直在晃荡，我忍不住评论了她一条朋友圈动态，有一丝调侃，大致是这么说的："是打算把花花世界逛完，再入律师的围城吗？"

她回复了一句："律师起步太艰难了，我赚够储蓄，找准时机再来。"

我再回复："要不你再投一下简历，不管是我们律所，还是其他律所，如果打算今后从事律师职业，可以现在就一头扎进去，不要瞻前顾后，如果还是不行，大不了辞了改行。"

小C后来没有回复。

大概又过了半年左右，小C微信上告诉我，她去了本地一家小型律所上班，每天处理的都是工伤和其他劳动方面的案件，技术含量并不高，但是她乐此不疲地在体验着办案的"小确幸"。

时间一晃一年多过去，小C又来联系。小C说，在一个案件中，她和我们团队的一位律师小A互为对方代理律师，涉及一起严重的工伤事故案件，小C是伤者一方的律师，伤者全身多处爆裂性骨折，经劳动能力等级鉴定为6级伤残。

小C和我的同事小A对于案件的法律定性争议比较大，加上伤者家属前期的一些不理性行为，导致双方和谈的可能性已经降到冰点，虽然官司还在打，但是小C考虑到伤者的实际情况，拖延越久恐怕还会耽误后续治疗，于是想通过我牵线搭桥，希望能再次坐下来谈。

我自然不会刻意干涉案件，只告诉小C："我会和同事小A反馈一下情况，如果他愿意代表公司来和谈，则他会直接来找你谈。"

至于案件最终情况，据说还是以判决来结束，并没有和解。

案件结束后，我借了小A的卷宗来看，卷宗里面附带了小C提交的法律文书，这些法律文书用语规范简洁、逻辑清晰、观念明确、有理有据地论述了自己的法律意见，提交的证据也按照严格的规范，一丝不苟地排列着，其中包含了大量的医院病历资料，如门诊病历、出入院记录、手术记录、用药清单等，材料繁杂，但是被小C安排得井井有条。如果我是裁判者，看到这些材料，也会觉得赏心悦目。

这起较为严重的工伤案件，在小C的努力下，也取得了对于伤者一方更为理想的判赔结果。

我接手的大量案件集中在刑事辩护及企业法律纠纷上，对于劳动案件近几年很少处理，和劳动业务仿佛隔了一个行业，而同事小A主要负责律所劳动方面的业务，熟悉和劳动业务相关的一切，包括仲裁员、审判员的各种裁判习惯，以及同行的趣闻轶事。

后来的某天，同事小A和我聊起小C，他告诉我说，小C在一家专门处理劳动工伤类型案件的律所执业，如今在某城劳动法领域内也有一定的知名度。

小C发表过不少论文，除了理论上的钻研，在实务中也代理过大大小小的许多劳动案例，小的有女性三期假期的维权，大的也有多人工亡等较大争议的案件，一些案例还被收录为优秀的法律援助案例，也在某些劳动法相关的论坛上，与小A一样成为出席的受邀嘉宾。

另外，小C通过劳动业务，被好几家较为知名的建筑企业聘为劳动专项法律顾问。

从同事小A的描述中看，小C目前的状态很不错。

在我们律师行业内，也会有一些业务上的"高""低"之分，比如劳动业务，在多数同行眼中，一般视为最吃力不讨好的，因为面对的都是极为琐碎的事情，且大量劳动业务相比较于其他律师业务而言，收入的回报还相当低，例如经常遭遇诉讼标的五千、六千工资差的案件，或者三、五天年休假的事情，又或者工伤涉及伤亡的案件，也将面临包括仲裁、认定、鉴定、诉讼等极为繁多的程序。

总之，小C将劳动案件作为切入口，并且扎根其中，在短时间内取得这些成绩，也着实不容易。

劳动相关的法律业务多数律师会敬而远之，但是劳动毕竟与大多数社会主体息息相关，无论是作为用工的企业，还是在岗的职员，都会面临千奇百怪的劳动问题。也正因劳动业务的接地气，所以可以很快地上手，但想要有一定建树，一方面需要看是否有心追求，另一方面也要看是否有心沉淀下去。

我的同事小A算是在劳动业务领域不错的律师，也曾获聘做某高校校外实践课程的老师，指导包括本科及研究生的实务课程，他能够对小C给出较好的评价，也说明了小C的成绩在业内取得了认可。

可以说，小C用自己不断累积的"案例"，一点一点敲开了行业的大门，迎接她的将会是更广阔的道路。

3.3.2 最好的说服力是成功的"案例"

我是在2013年通过的全国司法考试，随后不久开始在律师行业的最基层积累自己的实务技能及案例，在最初的几年时间里，一度茫然四顾。

首先面对的，也是律师行业内起步时候普遍的低薪问题。在长达一年的实习律师期间，大多数律师都曾按当地最低工资标准来获得报酬。

我也不例外，在那一年多的时间里，我每个月还曾伸手向家里索要几百元补贴，那时候家里看不到我从事这个行业的意义何在，我自己也有同感。

那时候看律所天天忙碌的前辈律师们，一拨又一拨的客户慕名寻来，我在角落的工位上幻想着自己什么时候可以打开局面，有自己的一片小天地。

我最初开始的时候，方向还不如小C那般明确。我在一个案件量充沛的团队里做办案律师，彼时无论刑事、婚姻、继承、借贷、交通、合同、工伤还是医疗，我都竭尽所能参与办理。

可是处理的案件类型越广，知识盲区越大，每次接收新的案件都似乎要经历一次捶打，而某类型案件的法律法规也不是一成不变，也许在不经意间遗漏某处司法解释，便导致不利局面，所以时时刻刻，如履薄冰。

"万金油"一样什么类型的案件都接的状态，也令大多数律师们诟病，我也为自己的将来发愁。

直到某些契机下，我获得了不少取保候审、撤案、不起诉的案件后，我开始在刑事辩护领域树立信心，也通过这些"案例"，让我逐步决心通往专业刑事辩护之路，而这些较为不错的"案例"传播，也为自己带来不少新的业务机会。

由于律师的专业化程度高低无法直接"可视化"，很多客户寻找律师的时候，评判的依据未必准确，但是那些成功的"案例"是最好的说服力。

3.3.3 树立专业形象，掌握行业话语权

我相信各行各业都会是如此，比如我的朋友小张，他从一名装修工人，一点一滴积累起自己的班子，现在成立了公司，在某城的业务开展得如火如荼。和小张的一番交流，再次印证了"案例"为王的正确。

小张是误打误撞进入了一个装修公司做杂工，工地上什么活都可以插上一手，渐渐地也掌握了不少装修的技术活，还自学了绘制简单的设计图。

工作之余，也开始为自己树立装修老师傅的形象，比如在QQ空间及微信中传播自己的"作品"，一来二去让不少人认识了装修师傅小张，并开始信任他的装修能力。

一番累积之后，小张和几位要好的朋友创办了自己的工作室，开始独立揽活。

一次和小张聊天，他乘兴开始"吹嘘"自己的业绩，说几年前他为一户业主设计和装修的房子完工后，图片被发到小区业主的QQ群聊中，无意之间引来关注。

由于该新楼盘交付的是毛坯房，所以业主们需要为自己的房子设计和装修，面对铺天盖地的装修公司广告，以及从门缝下面塞进来一沓一沓的宣传图册，多数业主是无从选择的。

小张承接的这户业主对他最后交付的成果极为满意，于是，这位业主自发为小张宣传起来，自此这位业主的家也成了"可视化"的范本，隔三岔五有同小区的邻居拜访。

也是在那次聊天时，小张大胆地畅想自己的商业计划，比如他想

要和每一个服务过的业主约定，如果同意将完成交付的房屋作为同小区，乃至同城的"样板"展示给其他客户，只要装修业务成交，就给佣金，一级一级，大胆地宣传，大胆地给佣金。

他说要在全省乃至全国把这个模式铺开，现在准备筹划吸引投资，等等。

我见小张情绪高涨，就没有具体指出他的宏图伟业中可能涉及的法律问题，准备待其以后再去普法。

以上便是个人对"用案例打败时间"的粗浅想法，用不断累积的正面"案例"，树立专业形象，掌握行业话语权，而不是以从业时间长短评判能力。

用案例打败时间，就是让"案例"筑起自己事业的护城河，而不是让毫无营养价值的年岁，成了衡量实力的标尺。

最后，让我们用正向的"案例"为自己铺垫快速成长的捷径吧，因为成功的案例永远是我们前行的方向。

陈淑君，15年品牌策划经验、13年创业经验、8年保险理财规划经验。服务的客户80%是世界500强企业。擅长打造企业品牌及企业文化，为个人提供财务规划管理方案。

作者微信号：bms163

"

3.4　做事总是没有条理

进入职场后，同样的工作岗位，总会有人表现得效率特别高、工作思路特别好，能很快得到公司的提拔，而也有人总是犯错，升职加薪永远都轮不到。很大原因是工作方法以及工作思路导致的。

3.4.1　不能靠侥幸来做专业的事情

今天跟大家分享一下关于我的职场成长故事，我是如何从职场小白进化到企业主的。从学校毕业后，朋友介绍我进入一家培训机构任职培训助理，初入职场的我毫无经验，面对烦琐的工作内容，有时候总是觉得无从下手，勤做笔记可能是我当时可以想到的最佳办法了。

一个培训下来，一般包括确认培训老师、学员信息，预约场地、用餐安排、场地布置，购买和准备物料，出行保险，以及一些相关的细节。

每一次我都手忙脚乱，虽然都完成了，但没有成就感，没有喜悦，机械地重复着工作。直到有一个月，公司生意很好，同时来了好多单，甚至一天就有几个培训，这让本来就忙碌的我更加不知所措。

一天我正在公司准备次日的培训事项，接到老板电话，问："今天的保险买了没？"我回复买了，的确我记得自己是买了。不过这样一问我也有点不确定，找回买保险的回执核对，一看发现买是买了，不过买错了日期。

这一下子让我慌了神，几十个人出去两天，万一有什么意外，这个风险就要公司承担，而我就是那个犯错误的人，越想越担心，我赶紧跟老板反映了问题，然后祈求过程平平安安不要出事情。

所幸的是，那两天没有发生什么意外，很顺利地完成了培训。而通过这件事，我反思自己，不可以再这样下去了，不能靠侥幸来做专业的事情。我决定，改变这一切混沌的局面。

我找了一个完整的时间，重新梳理了自己的工作内容，以及工作涉及的所有流程。发现每次的工作都离不开那几个模块，也就是说，只要我把几个模块做好，效率就会提高，不需要每一次都从头做起，而且还可以保证不会出纰漏。

我选用的这个工具叫PDCA法，这个方法，最早是由美国质量管理专家戴明提出来的，所以又称为"戴明环"。

简单来说，就是把任务（目标事件）分为PDCA四个阶段，也就是计划/目标（Planning）、实施/执行（Do）、检查/检视（Cheek）、复盘/调整（Action），通过完成这四步，让复杂烦琐的事情简单化并思路更加清晰，四个阶段的具体内容分别如下：

计划/目标（P）：对于这个事情，你的目标和计划是怎样的，打算通过哪些步骤来达到这个设定目标。

实施/执行（D）：指的是有了计划，预计什么时候完成，都有哪些关键要素，以及谁执行，涉及的人都有哪些。

检查/检视（C）：监督事情完成进度，目标是否达成，如果还没达成，是什么原因导致的。

复盘/调整（A）：通过对事情的检视，了解原因后，对整个任务以及细节进行复盘，来决定下一次做同类任务时，是否需要调整内容或者调整对应人员，以便在每一次实施后进行提升，继而把这几个阶段无限循环。

这个方法在工作的许多场景中都非常合适，为了方便大家理解，我用三个例子来说明。

3.4.2　重复的工作内容模板化

小君是某培训公司的培训后勤助理，日常任务是给公司的培训工作做常规后勤安排，特点是这些工作基本形态是一样的。今天她接到某集团的培训任务，我们一起来看看这种情况下如何使用PDCA法来做执行。

P计划：目标是要完成某集团培训的后勤准备。目标分解思路是，完成这次培训的后勤服务，涉及的是什么？

我们把能想到的场地、工作人员、物料、用车，写下来做成四个类别。而大类别再根据实际情况进行细分，并把内容写进表格里，只需要完成这些内容，这个后勤工作基本就确保了，所以计划框架就呈现出来了。

D实施：涉及的是本次活动需要的明确执行人员以及执行时间点。

C检查：定期进行进度监测，活动类的工作是相互有关联的，其中一个环节做不好就会影响整个活动的效果，而很多环节是需要提前就落实，所以这个定期监测就可以主动地了解工作进程，如果过程中发生问题，可以及时解决。

A 复盘：活动后对每个环节进行复盘，以便知道下一次活动是否需要调整，作为对本次活动的一次情况记录，也是以后做同样活动时的一个参考依据，如下表所示。

常规后勤安排规划范表

类别（P）	需要安排事务（P）	备注（D）	负责人（D）	对应人员（D）	计划完成日期（D）	完成日期（C）	完成情况（C）	备注（C）	复盘（A）
场地	会议室预定	要求500人	Ken	酒店销售部Lisa	×月×日	×月×日	完成	已转预付款，已确认	场地高档，音响效果好，服务质量好，可以继续合作
	会议室布置	分十组，鱼骨式	Ken	酒店销售部Lisa	×月×日	×月×日	完成	已确认	提前安排，布置美观，符合预期
工作人员	培训师	樊老师	Ken	何老师	×月×日	×月×日	完成	已确认	配合度高，可以继续合作
	当天跟班助理	Ken	Ken	Ken	×月×日	×月×日	完成	已确认	配合度高，可以继续合作
	摄影师	已落实	Ken	Lelo	×月×日	×月×日	完成	已确认	配合度高，可以继续合作
	布场人员	已落实	Ken	会务公司小何	×月×日	×月×日	完成	已确认	配合度高，可以继续合作
物料	道具：沙盘模拟	1个	Ken	Ken	×月×日	×月×日	完成	已准备	
	白板	1个	Ken	Ken	×月×日	×月×日	完成	已准备	
	白板笔	1个	Ken	Ken	×月×日	×月×日	完成	已准备	
	学员手册	50个	Ken	Ken	×月×日	×月×日	完成	已准备	
	桌牌	50个	Ken	Ken	×月×日	×月×日	完成	已准备	
	签到表	1个	Ken	Ken	×月×日	×月×日	完成	已准备	
交通	53座大巴	××车队	Ken	车队李小姐	×月×日	×月×日	完成	已确认	配合度高，可以继续合作

心得：PDCA应用于常规雷同度高的项目中，可以制作成表格形式。同类的项目，只需要按需修改内容即可。提升效率，用一张表和职场小白划上分割线。

3.4.3　工作日志流程化

PDCA法不仅可以用于做任务时分解及执行，也可用于每天的工作日志。职场白领，每天处理的事情很多，而我们要把事情做好，每天都需要有计划、执行和复盘，同样可以运用PDCA法。

例如，小陈是职场的管理人员，某一天的工作日志，我们尝试用PDCA法写，思路如下：

P计划：

（1）销售部门会议。

讨论的内容包括：本月销售目标、销售目标进度、客户服务的项目进展。

（2）进行一个带货直播。

直播内容包括：需要准备直播的内容、直播准备带的课程链接、直播环境的准备与设备调试。

（3）学习半小时。

看销售类书籍。

（4）日更公众号的文章。

计划方向为销售技能分享。

D实施：

（1）销售部门会议。

时间：9:00～12:00；参会人员为销售部全体人员。

（2）学习半小时。

时间：13:00～13:30。

（3）进行一个带货直播。

时间：14:30～16:30；涉及人员：主播及直播助理。

（4）日更公众号的文章。

时间：16∶30～17∶00。

C检查：

（1）销售部门会议。

①由于大家没有提前做准备，很多都是临时去思考的，导致过程中出现跑题的现象。

②大家发言积极性不高，都持观望式态度。

③反馈的信息太少，不清楚大家的工作情况。

（2）进行一个带货直播。

①直播没有提前做宣传，直播间人气下滑。

②直播带货的主播和助理配合得很好，相对上一场成交率提升了50%。

③选品比较单一，流失了30%客户。

（3）学习半小时。

中午学习的时候感觉书的内容很不错，可是下班的时候发现对书的内容已经不太记得。

（4）日更公众号的文章。

从公众号数据上来说，浏览量和点评赞的数量均在下滑。

A复盘：

（1）销售部门会议。

①针对跑题现象，从下次的会议开始，均需要参会人员提前准备开会的内容，包括销售数据，遇到的问题以及工作计划。

②每一位参与的人员，均需要发言，发言内容为与会前准备的内容。

③每周一次的线下会议调整为每天的工作日报、每周一次线下会议，提升团队之间的信息透明度。

（2）进行一个带货直播。

①直播前三天进行直播预热，在各个客户群里发送预告消息，引导预约直播间。

②直播主持继续沿用主持，并在开播前一天主播和助理提前进行优化流程，熟悉直播内容。

③增加选品的多元化，把产品分为三个阶梯，满足多层次的客户消费需求。

（3）学习半小时。

提升学习质量，输入后及时进行输出，看完后马上盖起书本进行学习的重点复述。

（4）日更公众号。

①优化内容，当天的时事热点要结合公众号本身需要带出的内容，提升文章的点击率。

②提炼内容，引用金句，给大家转发的理由，提升评论及转发的欲望与行为。

心得：日更工作日志是职场人不可缺少的良好工作习惯，用PDCA法写日志，不但清晰了解当天的工作内容，更能通过检视快速提升工作方法。

3.4.4　汇报工作框架化

职场中，我们经常要用到的是工作汇报，PDCA法就是一个很好的框架，让你随时随地只要记着这四个要素，就可以快捷地搭建汇报框架，把内容填充进去就是一个体面的工作汇报。

例如，小李是销售部主管，在电梯间遇到前来视察的老板，老板问小李，打算如何做好这次新上线的项目？

这个时候如果慌了神或者不知道从何说起，肯定会影响老板对小李的看法，这时便可以采用PDCA法这样来说。

P计划：我打算这个项目先进行一个前期调查，包括哪些客户会更加倾向购买这个新产品，他们的消费水平、年龄、区域以及竞争对手产品分析等。然后结合宣传预算，根据反馈回来的信息再针对性地进行第一期的投放和广告宣传。

D实施：调查已经安排Ken来负责，预计在本月30日完成。宣传部分由营销部执行，预计下个月15日完成。

C检查：15日完成第一期后，我们会根据投入产出进行一个数据分析。

A复盘：根据第一阶段的情况来制订第二阶段的销售活动……

这样简单的几句话就可以把整个思路完整地表达出来，让领导觉得你是有计划、有逻辑、有做准备工作的管理者。经常使用，还可以提高思考能力和逻辑性，让你的工作思路很容易在脑海中有一个进度场景，无论是职场新人还是职场管理者都相当实用。

心得：表达是职场里面重要的技能，良好的表达可以抓住更多的机会，告别卡壳，工作汇报张口就来。

所有工作能力的提升，都在于我们日常多总结、多思考，开始的时候可能会觉得有点难度，那是因为你在成长，正在走上坡路。当你经历过这个阶段，上了一个台阶，就会觉得很轻松了。

我们需要在工作中，不断放大自己的价值，努力提升，让自己成为越来越好的自己。

裴睿，国内某知名企业跨境电商运营总监，两家公司运营合伙人。擅长公司管理、外贸运营。阿里巴巴国际站数字营销布道师、阿里巴巴国际站外贸学院嘉宾讲师，线上累计听课人数10万，线下培训累计100多场。

作者邮箱：895524782@qq.com

"

3.5　遇事找不对方法

记得我刚参加工作接触运营这个岗位时，对所有事情都一窍不通。带我的老员工用五分钟教授我怎么发布产品、优化关键词，告诉我今天要优化一百个关键词之后就自己忙去了。

关键词优化的逻辑是，你需要把所有关键词排列组合到同一个标题里，然后不断地更换产品图片发布产品，从而增强产品和词的关联度，让买家在搜索产品的时候，系统更容易匹配到我们的产品。系统会自动对产品和词的关联度进行打分，总共五星，三星以上的关键词属于强关联度，最后把产品加入推广就可以了。我要做的就是把三星以下的词，通过产品发布的方法进行关联。

当时自己刚毕业，年纪小，胆子也小。老员工教会我发布产品之后，我就开始一直用他教的方法去发布产品，发了20个产品之后出问题了，不知道为什么，不管怎么发，关键词的星级就是上不去。硬着头皮让老员工帮忙看一下，他瞅了一眼说："你多发点就好了。"

我也是比较耿直，一下午都在埋头发产品，发了整整400个产品，直到头昏眼花也没把关键词优化上去。

最后到下班了，老员工过来看了眼，问我怎么还没优化好。我告诉他已经发了400个产品关键词还是没优化上。他也很奇怪，查了一通之后发现是我没设置产品发布自动推广，打开推广之后，果然要优化的词都已经显示优化完成了。晚上回家的路上我就在反思，为什么我不能静下心来，在发现问题的时候先去研究一下，找到正确的方法再去做事，而不是花了整整一下午的时间，去做原本只需花1小时完成的事，这样做除了感动自己没有任何用处。

除了这件事情，工作中很多其他的事也一样，比如老板让你去做数据统计，你可以提前用10分钟学习一下Excel的基本公式，这比手动去统计输入快了不知道多少倍。又比如说，当你需要把图片上的文字抄录下来，这时通过图片识别的方式就可以轻松把图片上的文字全部复制下来。当你发现自己的工作内容非常单调烦琐的时候，你就要开始思考一下，是不是自己的方法错了，有没有更好的方法完成工作，磨刀不误砍柴工，找对方法才能事半功倍。

3.5.1　克服经验恐惧

在工作的第二个月，老板给了我一个任务，让我独立策划一个周二培训班，专门为新入驻商家培训运营知识，从策划到邀约再到讲课都由我来负责。说实话，我当时的第一反应是我不行，我做不到。毕竟自己才入职一个月，怕讲不好课被嘲笑，更怕没人来听课。不过既然硬着头皮接下来了，也只能顶着压力去做，接下来的一周里，我临时抱佛脚用Photoshop设计出了海报，打电话给商家一家一家地去邀约。

打第一个电话时紧张得不得了，对面一听我说话结结巴巴，立马就挂了电话。后来我就写了个草稿，再打电话就照着稿子念，几个电话打下来也就适应了。到晚上就在办公室里试讲，一遍一遍过课程内容，对着PPT练习。

到了上课的那天，我看着一堆人过来听课，这些人不是老板，就是各家公司的主管，每个年纪都比我大，资历都比我深，心里越来越没底。谁都不知道，临上场的前半个小时，我还躲在厕所里偷偷哭泣，不敢上台，怕课讲不好。虽然已经做好了充分的准备，但看着这么多人，还是觉得自己没这个资历和能力去给老板们上课，觉得我不行、我做不到。就这样在厕所惶恐到了最后一分钟，怎么办，外面的人还在等着我过去。

想想豁出去了，大不了最后换一份工作，于是我擦擦眼泪换上笑容，还是拿起话筒上了台。在上去的那一刻我突然发现，只要你迈出了第一步，之前的压力和恐惧，还有内心的不自信就已经烟消云散了。脑子里唯一的念头就是：我在上课，我要把这份工作做好，其他的情绪与我无关。结果发现，整个课程上得非常顺利，虽然都是老板和高管，但每个人听的都很认真，课后还有不少老板主动要求加我的微信。

在上台前我一直想着，会不会没人来，会不会这么多工作都白做了，会不会课上到一半我讲不下去了，会不会有人拆台，我想遍了所有最坏的结果，甚至想过要不和领导说我做不到换个人吧。但还好，最后我克服了自己内心的恐惧，就算在这个过程中一直打退堂鼓，一直给自己泼冷水，但该做的、该准备的还是一丝不苟地准备到位了。这才让本次课程能圆满完成，让我能克服恐惧突破自己。

如果我自暴自弃，可能又是另一种结果了。如果我半途而废了这次的工作，真的和领导说自己做不了换个人，那我想以后这种类似的工作，能独立组织策划活动的机会，也就再也没有第二次机会了。我会被直接定义为工作上的螺丝钉，只能完成领导交代的简单工作，可能会在这份岗位上做着最基础的工作，日复一日地碌碌无为，更可能被越来越多的新人替代，甚至直接被淘汰。

职场上，作为新人可以犯错，但绝不可以退缩。从进公司的那一刻开始，你的每份工作任务都是一次考验。职场不是学校，不会到了期末交答卷，等分数下来才决定去留。在这里，优胜劣汰每时每刻都在发生。当面对挑战时，尽量把我不会、我不行，改成我试试、我努力。可能尝试迈出第一步之后，你会发现一切并没有想得那么难。

换句话说，就算真的试了之后搞砸了、不成功，那这也是我们漫漫人生路上一次宝贵的经验，年轻的最大优势就是不怕错，现在不尝试、不积累经验，等上有老下有小，车贷房贷压身了，试错成本就更大了。克服恐惧，不错过每个机会，不怕摔跤才能学会走路。而我们，也正是在这一次次突破中快速成长，成为能遮风避雨、独当一面的人。

3.5.2 正确的方法与日复一日的坚持

随着工作熟练度的提升，我手里服务的客户越来越多。最高峰的时候一个人要对接300多个商家，每天处理的事情非常的杂乱。比如大促活动要来了，有哪些商家是符合条件可以报名的，我要去一一通知；哪些商家余额不足要续费也要提前提醒；每周的培训课程适合哪些人听，他们的到场率如何，是否需要重点关注，等等。经常忙了一天发现累得不行，但事情都没有忙完，就算天天加班还是会有遗漏。在持续了一个月这样的生活之后，我开始思考，怎样能让自己的工作更高效，每天不要这样一团糟，总是想起什么做什么。

后来，在一次和朋友吃饭的时候，我偶然发现饭店每次结账都会打一份流水单出来。如果我把自己每天要做的事也列成计划清单，那是不是就有条理多了呢？说干就干，我花了两天时间梳理了这个月要做的工作，先列出月计划表。然后按轻重缓急排序，根据急迫程度和工作量拆成每周计划，最后根据周计划的内容再拆成日计划。

这一下我发现，每天要做的事情变得非常清晰，我只要每天早上到办公室之后，第一时间做完日计划表上的内容，剩下的时间就都可以自由支配了。不仅大大提高了工作效率，还让我有更多的时间去学习和提升自己。每天晚上我会对自己今天一天的工作做个总结，总结一下当天都做了哪些事情，有哪些是未完成的，哪些是做得比较好的，哪些是可优化的。然后根据总结内容去调整第二天的工作计划。

　　一段时间下来，我发现通过写日、周、月计划，我的工作做得越来越熟练，成长速度也越来越快。不管老板定下了多少任务，我总能有条不紊地完成，并且留下充足的剩余时间去改进，让老板刮目相看。而每个月我都能清晰地看到自己成长了哪些，进步了哪些。这些正向激励又促使我去继续做下一个月计划、周计划、日计划，每天都非常充实和有成就感。

　　由于工作上的高效率、高质量，老板也越来越欣赏我，愿意给我更多的机会。所以虽然当时是以应届毕业生进入的公司，资历和工作经验不如其他老员工，但依然顺利升职加薪，开始自己独立带起了团队和项目。

　　如果有人问我，每天上班浑浑噩噩，不知道自己在忙什么，怎么才能让工作变得更高效，让自己更快的成长。我想，上述方法你可以试一试。但不管是什么方法，贵在坚持。要是觉得困难，我们可以先从一天开始，每天早晨给自己写个今日计划清单，然后再慢慢过渡到周计划、月计划。

　　从坚持1天开始，再到坚持一周，再到坚持一个月，相信最后我们一定能有所收获。正确的方法，一往无前的勇气，日复一日的坚持，做好这三点，我想不论你在什么岗位，处于什么阶段，遇到什么困难一定都能迎刃而解。

陈敏文，网名狗哥，跨境电商关键意见领袖（KOL），对外经贸大学在读工商管理硕士，曾任嘉域集团副总裁，跨境电商创业者。擅长个人规划管理、运营团队搭建。雨果网、知乎高赞答主，全网累计阅读量30万，腾讯课堂、荔枝微课堂等知名教育平台讲师，江西新余学院、成都新华职业学院特邀讲师，累计教授学生上千人。

作者微信号：AEMarvin

"

3.6　没有计划越忙越乱

2017年3月，我告别了自己的大学生活，迎来了人生中第一次社会工作。在深圳宝安从事电商运营工作，临近毕业英语四级还未过，上班也是听领导的指挥，不知道自己会什么、能做什么和想做什么。一度在外贸B2B和B2C中选择，不知道我应该要专攻哪个领域。对未来没有信心，对自我没有把控，处于一个非常迷惘的阶段。

3.6.1　事来就做，没有重点

下面我讲讲自己前一个月工作的状态。每天早上8:30上班，开始处理前一天的店铺订单，订单来自全球220个国家地区，其中不乏帕劳、几内亚、洪都拉斯等之前我从未听过的国家；也有像英国、美国等耳熟能详的国家。将订单全部打包完成贴上跨境邮寄的面单后，统计好未发出的订单给工程部门的同事，安排以样品单的形式做出，持续监控每笔未发出的订单，保证其在5天内发货，基本上忙到这里一个上午的时间就用完了。

工厂是12点下班，上午下班后通常我会休息到13:20，提前十分钟到办公室，接下来处理前一天客户遗留的站内邮件（2017年的时候，外国人更喜欢用邮件沟通，而不是即时通信工具），一般会用2个小时，因为中间还有一些遗留的客户纠纷问题（那个时候国外的包裹系统不完善，每天都要处理5起以上的物流丢件纠纷）。完成遗留事项处理后，基本上都到15点左右，17:30下班，作为新人，我会额外加30分钟的班，加班的原因不是因为要表现给领导看，而是两个半小时根本完成不了两个速卖通店铺上架、打折、营销、推广等日常工作。下班后通常会花30分钟吃个猪脚饭，接着就回宿舍和大学同学玩游戏，结束一天的"咸鱼"生活。

一个月后，我慢慢意识到自己来深圳不是为了吃猪脚饭和打游戏的，更不是来住蚁居宿舍和听小老板画大饼的，跨境电商行业非常有前景，那么广阔的天地，我要大有作为！于是我给自己定了3个目标：

（1）熟悉速卖通整体运营的模式，从前端产品设计到后台物流交付，再到中间的仓储和产品推广维护等，都要摸清学透。

（2）保持身材，坚持每天运动30分钟。

（3）过英语CET4级，425分以上。

这个时候摆在我面前最大的问题是：我的精力如何统筹计划，才能达到自己的目标。你在职场生活中是否和初入职场的我一样，有以下问题：事来就做，没有重点，忙了一天也不知道自己在忙什么？自己感觉在公司打杂混日子，每天都问自己今天充实吗？计划好的事情做不完或是草草结尾，苦恼自己是不是不适合该岗位？

请你不要焦虑，因为这是职场新人都会遇到的问题，甚至有些职场老人在困顿期也会碰到。首先把心态摆正，直面这个问题，迎难而上，思考为什么我会出现这种状态呢？

我认为通常是以下三种情况导致的：

（1）没有将自身事务用时间四象限法则进行分析，挑选出有价值的事情优先做。

（2）没有严格去执行自己制订的计划，对自身精力和时间使用情况不了解。

（3）没有周期性地对自身的精力情况做分析和微调，精力管理死板，不符合自身情况。

那么我们要怎么才能打破这种僵局呢？首先就要从时间四象限法则讲起。

3.6.2　时间四象限法则

我们要明白时间四象限法则是什么：时间四象限法则是管理学家史蒂芬·柯维提出的，把工作按照重要和紧急两个维度进行划分，分为四个象限：紧急又重要、重要不紧急、紧急不重要、不紧急也不重要。处理顺序为：紧急又重要，接着是重要不紧急，再到紧急不重要，最后是既不紧急也不重要。时间四象限法则的关键在于第二和第三类的顺序问题，必须清晰区分。同时也要注意划分好第一和第三类事，虽然都是紧急的，但是前者能带来价值，实现某种重要目标，而后者不能。

当我们厘清工作的顺序后，接下来就是要了解自身的精力和时间使用情况，推荐使用柳比歇夫的"时间管理法"。

为什么要使用"时间管理法"呢？很多人在接触后会认为这是一件很难的事情，其实不然，原因如下：

"时间管理法"可以非常快速让你了解自身的可用时间及分配情况。

"时间管理法"可以推倒你认为自己很懒，否认自己的这种内耗情况。

"时间管理法"可以留下宝贵的时间数据，这是做持续优化的基石。

在使用"时间管理法"之前，我们要知道几个要点：

1. 明确你的基础诉求

列出你认为重要事项的标签！标签的要求：

（1）精确概括你的某种行为，比如写PPT，做Excel表格，可以统一归纳为工作；散步、跑步、骑共享单车，可以统一归纳为运动等。

（2）标签基于你的日常行为进行总结，数量5种以上为宜，但建议不超过10个，必要的标签有"工作""休息""日常事务"。

（3）将这些标签确定好后，在记录周期内不要改动，最小记录周期为7天（168个小时）。

2. 精准记录时间

一天最重要的事情就是记录时间！推荐的时间管理工具为智能手机上的App（Timemeter或aTimeLogger）。

3. 前期多给自己一些耐心

要求每天都保持24小时记录，忘记了可以记录大致时间，第二天起床时可以检查前一天的记录情况。

当我们熟悉时间管理法的要点并按时按量地记录一个月后，你会有以下提高：

（1）时间的感知能力提升，很少会做浪费时间的事情。

（2）自身掌控能力提升，每天的记录就是不断调动自己的一个过程。

（3）制订计划能力提升，能够知道如何制订符合自身诉求的标签计划并监督自身执行。

当然你也会陷入一种愤怒中，这种愤怒就是时间不够完成自身制订的计划，这个时候就需要使用微调的技巧来攻克这种愤怒。

3.6.3 复盘和微调

那么微调的技巧是什么呢？可以说，学会复盘和微调才是真正步入了精力管理，能与时间做朋友，阶段性地提高自我！

技巧1：做好时间复盘，以下表为例，用计划—执行—检查—行动—再计划的方式不断地进行螺旋提高。

时间复盘表

日期	主要计划事项	每天执行时长（小时）	全天占比	检查、行动、再计划
8/22	睡眠时间	7.40	30.83%	检查分析日常数据：每天睡眠时间为7.40小时，必要工作时间为7.908小时，战略工作时间为5.34小时，处理生活事务时间为0.504小时，交通时间为0.5小时，陪伴家人时间为0.512小时，娱乐时间为0.716小时，运动时间为0.624小时，白天打盹时间为0.5小时
	必要工作	7.908	32.95%	
	战略工作	5.34	22.25%	
	生活事务	0.504	2.1%	
	交通时间	0.5	2.08%	需要保持行动：战略工作时间保持每天2.5小时以上，睡眠时间保持每天7小时以上
	陪伴家人	0.512	2.13%	
	娱乐时间	0.716	2.98%	
	运动时间	0.624	2.6%	再计划需要优化事项：提高运动时间每天至1小时，陪伴家人时间每周大于12小时，增加学习蓄能和自媒体创作时间（两项每周3小时以上）
	白天打盹	0.5	2.08%	

技巧2：学会时间的复用，比如散步运动的时候可以听学习App，有效地将效率进行提升。

技巧3：认知到自身的能力，制订计划和执行优化的时候不要好高骛远，以稍做努力就能达到为宜。

技巧4：不要压抑自己的天性，我们不可能像机器一样精准无误，生活也不是排练好的脚本，最重要的是了解自己做每件事情的时间量。

技巧5：学会为计划做调配，比如制定目标"三个月体脂率下降至10%"，那么需要的时间投入、日常摄食、是否需要私教等资源要做好匹配。

相信看到这里你已经摩拳擦掌、跃跃欲试了，那么下面总结做好精力管理的具体步骤：

（1）依据时间四象限法则，将自身遇到的各项事务做好区分及规划执行，良好的执行情况建议是：重要紧急占比工作时间20%；重要不紧急占比工作时间60%。

（2）将自身日常事务和工作事务打好标签，使用时间管理法，借助手机App进行1个月的统计，获取自身时间使用和占比的真实数据。

（3）根据自身数据情况进行分类整理，制订好自身改善和调节的计划并加以执行。

（4）以周为单位进行复盘，将表现好和不好的点都写出来，并且想出1~3条改善计划，依据计划继续执行。

（5）不断以周为单位进行螺旋提高，直至养成习惯。

以上是我对精力管理的分享，看到这里你可能会问，我这样做最后的结果是什么，自己的目标是否实现了呢？接下来我为大家揭晓：

（1）双十一业绩同比去年增长65倍，顺利拿到30万元年薪Offer。

（2）英语四级没有到达425分，作文没有写好，只拿到了410分，不过也顺利拿到了学位证书。

（3）体重一直保持在64公斤。

最后希望每个人都能学会精力管理，有正念行正道，做时间的朋友！

苑笑，毕业于北京大学国际政治专业，现任某500强外资制药公司企业沟通负责人。曾就职于多家国际和国内知名公关咨询机构，并获得国际公共关系协会（IPRA）授予的代表全球公关领先水平的"金世界奖"Golden World Award（GWA）。职场母亲，IFA注册芳香疗法治疗师，著有《芳香女人的第一本精油书》，芙葳芳香学院特约讲师，阿芙精油签约主播。擅长精力管理。

作者邮箱：26767778@qq.com

3.7　计划总是被打乱

很多刚认识我的人会觉得我的人生很顺风顺水：北大毕业，有一份500强的工作，还有温馨和睦的家庭，聪明可爱的孩子。其实在40年的人生道路上，我也曾有过非常抓狂和狼狈的时候。

3.7.1　被时间管理的工具人

从上高中后，我就觉得自己是一个非常自律的人，每天的时间都安排得很好，早上5:30起床预习功课，上完一天的课之后，复习、写作业也安排得井井有条。我的父母从来不用担心我的学习，因为我总是能在期末考试的时候交出满意的答卷。

我的第一份工作就职于国内一家知名公关公司，在忙碌的工作中，我逐渐学会了提高效率，主动做时间管理。"四象限工作规划""番茄时钟"，运用得都很熟练。每年我都会用完一个像手账一样的本子，里面整整齐齐地记录着我每天的工作内容，做完一项就打勾，完成工作后就特别有成就感。

随着年龄的增长，我也开始考虑自己的人生规划。我给自己制订大量的计划，每年都会设定当年的工作和生活目标，并将目标拆解成可执行的行动方案，每月复盘，随时调整进度。就这样，我在几年的时间里，在工作之余顺利地完成了买车、买房、投资、成家的计划，还顺便考了芳香疗法治疗师和自由潜水员的认证。

看到这里，你是不是已经觉得我有点"凡尔赛"了？在人生的前三十多年里，我一直受益于自己的"时间管理"能力，也自认为是一个自律高手。故事到这里，还是令人愉悦的。然而一切都在孩子出生之后发生了变化。

尽管在孩子出生之前，我自以为已经做好了充分的准备，但他的到来还是彻底改变了我的生活。艰辛和快乐，都成倍增加。熬夜、喂奶、哄孩子睡觉、学习育儿知识、脱发、素颜穿睡衣……这些新手母亲不可避免的经历都一一发生在我身上。

产假即将结束，为了让自己更好地迎接重返职场的生活，我依然运用起了"时间管理"的武器，为自己定制了一个严格的职场母亲时间表，以便能够兼顾"高质量陪伴孩子""快速恢复工作状态""持续的个人成长""维护好家庭的和睦和每个成员的健康"。

这个时间安排是这样的：

6:30~7:30　　起床，洗漱、喝水、瑜伽。

7:30~8:00　　早餐+陪孩子。

8:00~9:00　　化妆，整理白天工作思路，出门。

9:00~9:30　　出租车上学习育儿知识。

9:30~12:00　　工作+学习时间，注意喝水。

12:00～14:00　午餐以工作需要和提升人际关系为主，饭后适当运动。

14:00～18:00　工作+学习时间，注意喝水。

18:00～18:30　步行+地铁，学习时间。

18:30～19:00　洗衣服，整理衣橱，准备第二天要穿的衣服，做家务。

19:00～19:30　晚餐，家人时间，关注父母近况和身心健康。

19:30～20:30　陪孩子时间。

20:30～21:30　洗漱，跟老公聊天。

22点之前一定要睡觉。

此时家里的阿姨经过四个月的磨合，已经能够熟练地配合姥姥照顾孩子，姥爷负责做饭，确保全家人每天都能吃上健康可口的饭菜。保洁阿姨每隔两周准时上门做大扫除。家里的好几个房间也都安装好了监控，以便我白天上班的时候能随时查看家里的情况。一切看似都走上了正轨。我感觉自己可以信心满满地迎接"事业家庭两不误"的开挂人生了。

然而，这个看似完美的时间表，并没有让我如鱼得水般自在。每一天结束之后，我沮丧地发现，很多安排好的事情并没有做完。规划得很完美的时间表，常常被突发的琐事打乱。

忙了一天回到家，很希望专心陪陪孩子，电话却频繁响起。周末带孩子去公园，来了突发事件，就一边拉扯着吵着要坐车的孩子，一边开电话会。工作的时候也无法专心，正在外面开会，出租房突然有租客要马上付定金，只好趁着去洗手间的功夫跟租客视频电话。

生日当天，老板贴心地准备了聚餐庆祝，而我却因为要带孩子打疫苗而迟到。好不容易约了老公下班看电影，却因为会议拖延，让老公在车里等了一个多小时，最后还没看到电影的片头。

每一天结束后，我躺在床上已经累得要死，却根本舍不得睡觉，在这一点难得的自由时间里，纠结着要不要再学一会儿英语，强打着精神在手机上记了几个生词，最后在"这一天没有任何实质性产出"

的愧疚中睡去。

我做了很多的事，可我却根本没有时间做自己想做的事。比如读一本书，静下心来研究下一步的投资计划，恢复每周一次长跑，与老公一起短途旅游，这些真正想要做好的事情却总是无法开始。

我迷茫了，是我不够自律吗？恰恰相反，我不是无所事事，而是琐事特别多，我给自己布置了太多的任务，一直在忙碌，一直到累为止，有种永远都停不下来的感觉。可是，完成那些琐碎的事情，并没有办法带来成就感和满足感。

我被碎片任务撕扯着，彻底沦为了"被时间管理"的工具人。

3.7.2 意志力是个消耗品

总算休了一天年假，姥姥带孩子下楼遛弯的空当，我躺在床上望着天花板，长长舒了一口气。不禁问自己：是什么造成了今天这个局面呢？为什么"时间管理"所带来的效率感和成就感消失了？

我开始研读书籍，向身边的前辈请教，并在夜深人静的时候结合她们的经验认真思考。我终于认识到：在我的生活目标相对简单的时候，无论是上学、工作，还是个人成长，都能够通过有效的时间管理，最大化地提升效率和实现目标。但是到了上有老下有小的中年，多个目标同时驱动，背负的责任更多了，彼此又相互拉扯，人就会感受到分裂和无力。

当我在做时间管理计划时，对自己的行动力过于乐观，却忽视了所有的行动都是需要意志力去支持的。我什么都想要，而且什么都想要做得特别好。但我的意志力只有原来的那些，根本不够分配给我的欲望和贪心。

人的意志力并不是无穷无尽的，它是个消耗品，它很快就会被用完，用完之后需要一段时间才能恢复。而我的时间管理方式是消耗性的，就是一直给自己安排任务，累到爬不起来为止。然而我给自己设定的目标又太多，那些想要做到完美的野心，那些完不成目标的沮丧，那些多件任务相互抢夺时间的纠结，都在向仓库里面提取着所剩不多的意志力。

3.7.3 "不纠结"的人生才更高效

想清楚了这一切，我暂时放下了那些一直压在头上的完美追求，毕竟找回生活的正常秩序才是首要的。

我开始意识到，这个世界上并没有真正的"工作生活平衡"的存在，或者说，并没有"工作生活平衡，并且每一样都做的很好"的存在。如果一个人的意志力只有10分，那么意味着你只能给工作和生活各5分，而且还无法保证这种比例能一直持续，可能有的时候是3∶7，有的时候又是8∶2。当你"既要……又要……"的时候，你其实是在追求一种不切实际的完美，只会让自己身心俱疲。

我需要做的是有所取舍、动态平衡。一段时间内只聚焦一个关键领域，不去纠结自己在其他领域的损失。

我所在的公司是一家制药巨头，有很多大家耳熟能详的明星产品，然而随着外界环境的变化，公司开始了转型，把这些年销售额几十亿美元的产品剥离了出去，专注在创新领域。既然制药巨头也要砍掉多余业务聚焦关键，我们普通人更应该顺势而为，把自己的精力和意志放在最需要好好把握的机会上。

当一年一度的中国国际进口博览会来临，我就毫不犹豫地加班加点准备资料、设计方案、沟通媒体，连续出差8天，把握住这个年度最大的企业传播机会，交给老板一份漂亮的成绩单。此刻，我就是在奋战职场，不去纠结我是否是一个好母亲，我是否给予了宝宝足够的高质量陪伴。

当我终于可以休几天年假，我就设置好邮箱自动回复、手机静音，陪着宝宝去郊区的亲子酒店尽情玩耍，看着他开心的大笑，不去纠结我是否漏接了老板的电话，以及是否会因为漏接电话而错过今年的升职加薪。

当我想要在周末抽出一天时间好好跟老公约会，我就精心打扮，像结婚前一样，看电影、吃火锅、泡温泉，不去纠结这是不是在荒废时间。

结束了一天的忙碌，躺在床上的我不再焦虑，不再想着是不是要趁着这点清静的时间再多看一页书，多学一会儿英语，而是开开心心的像得到了豁免权，告诉自己该休息了，想干什么就干点什么，哪怕只是躺着刷剧。也不再纠结于几点必须睡觉，困了自然就睡。

如果在以前，我会觉得这样的自己错过了很多，因而纠结。但现在我觉得，错过的那些，可能本来就不属于我，我不再为每一天、每个小时做什么而纠结时，我的头脑反而更清醒了。

3.7.4　原来意志力也可以管理

心里清净的时候，一种自由感油然而生。当我安心踏实地度过每一天，我慢慢发现，原来意志力也是可以管理的。当我们不再让自己做时间的奴隶，意志力就像交替的昼夜、轮回的四季，按照它自己的节律，消耗又生长。

通过总结，我发现了三个方法这些方法就像意志力的"充电宝"，帮助我们在需要的时候找回自我，让意志力更加充沛。

1. 正念冥想

当我们觉得自己意志力下降的时候，可以选择"按下暂停键"：看看窗外的风景，做一个眼保健操，让纷乱的情绪得到舒缓。不过我觉得最能给大脑"卸货"的方式莫过于正念冥想。因为它只需要几分钟的时间，就可以让我的心情迅速恢复平静，对外在的压力应对自如。

具体的方法是：

（1）找一个安静的环境，用自己最放松的方式坐下，闭上眼睛，先做两下深沉而缓慢的呼吸，让自己的注意力转向内在。

（2）然后专注于呼吸，每次把气吐尽时，都停顿几秒，让心神随着呼吸流动，想象每一次吸入的空气都滋润着身体的每一个角落，每一次呼气都排掉无用的废物。

（3）这样大概只需要几分钟的时间，你会感受到心率稳定，整个人也进入更协调的状态，又可以镇定地走出房间，去应对外面的情况了。

如果环境适宜，还可以戴上耳机播放一段冥想音乐。网上有很多瑜伽音乐，都可以作为冥想的背景音乐，如果你不喜欢瑜伽音乐的"异域风情"，我非常推荐大家在网上搜索"阿尔法脑波音乐"。除此以外，你还可以下载一些播放"白噪声"的App，可以播放下雨、海浪、鸟鸣等让人感到安心舒适的背景音。

2. 为情绪找一个出口

盖洛普咨询公司曾经对高效能人士做过一个全球性的调查。发现持续高效能的关键因素之一是在工作中至少有一个好朋友，因为好朋友会互相赞赏与倾听。

我有一个四个人的闺蜜小圈子，以前单身的时候经常聚会，有时还会一起去外地或者出国旅游，每天吃住玩都在一起，特别放松和开心。虽然有了孩子之后我们的聚会频率有所降低，但至少半年还是会见上一面。工作、家庭、个人发展，都有很多话题可以分享。如果有一个人遇到了难题，其他几个人就会真诚地倾听并帮忙分析。

与积极思考、快乐的人待在一起，能够帮助我们清理掉头脑中杂乱无章的情绪，恢复意志力。无论这个人是你的家人、好朋友，还是一位你尊重的前辈，只要能在沟通中让你感受到尊重、理解、欣赏和包容，都是非常适宜的沟通对象。

3. 科学饮食，及时补充血糖

提升体能和精力的最好方式是吃、睡、运动，而吃排在第一位。

很多人因为在意体重，会刻意控制碳水化合物和糖分的摄入，但它的一个副作用是会影响你在关键时刻的工作状态。

血糖水平影响着意志力的大小。当一个人处于饥饿的状态下，是很难有足够的意志力的。大脑是一个"高耗糖"的器官，当它处于低血糖的状态，别说有意志力了，连正常思考都会受影响。这个时候，就需要及时补充糖，及时地吃点东西。

所以，我从来不会把减肥的任务和工作上的重要项目同期进行。如果这段时间我预期会很忙碌，那么我一定会让自己吃好，不会让自己在辛苦的同时还要同饥饿作斗争。

如果我马上要主持一个重要的会议或者在重要场合发言，我会提前15分钟吃一些含碳水化合物的零食，让自己的大脑能够集中精力，迅速进入最佳状态。

不过要注意，碳水化合物也不要一次吃太多，不要暴食。大家可能都有过这样的体验：饱餐一顿之后会容易犯困。血糖水平太高也会让人疲乏，通过科学的饮食方式让自己的血糖保持在稳定的水平即可。

成长的道路是没有止境的，庆幸的是，在这场马拉松竞赛中，我已经从那个只知道一味向前冲的菜鸟跑者，慢慢成长为一个能够控制好自己的呼吸和心率、均匀分配力量、稳步向前的进阶跑者。从被时间管理的工具人，到"不纠结"的意志力管理者，其实是一个与自己和解的过程。愿每一个人都能学会管理好自己的意志力，百战不殆。

第 4 章
改变行动方式

有了可以落地的行动，改变行动的方式也就显得格外重要，如果你有经常性的职业懈怠，总是被琐事耽误进度，做事容易磨磨蹭蹭，认定自己完不成目标，不会平衡工作与生活中的变动，不会在工作中抓细节，那么本章将教你不一样的方法，重新改变你的行动方式。

公茂强，"985"高校讲师，GCDF全球职业规划师，BCC全球生涯教练，国家二级心理咨询师。国产精酿爱好者、长跑爱好者。主讲"大学生职业规划""就业指导"课程，擅长职业发展咨询、职场教练咨询。

作者邮箱：gongmaoqiang0622@foxmail.com

"

4.1　不明确自己的需求

我是一名高校教师，每次参加同学聚会时，都会有老同学很羡慕我的状态：有一份稳定又体面的工作，生活里喜欢长跑，热爱美食分享，没事时热衷研究各类精酿啤酒，在校园里经常和学生接触，还能始终保持学生时代的年轻心态。而他们不知道的是，在我一路看似平坦顺利的职场路上，也有过许多不为人知的焦虑和抓狂。

信息学科出身的我，在高校工作的第一年，也曾因为"好工作"的标准而迷茫。当看到曾经的老同学们在互联网企业日夜奋斗，拿着动辄是我数倍的年薪时，我也有过焦虑：像我这样以学生身份毕业又以教师身份回到校园，两点一线的工作生活是否过于单调？选择留在高校工作，是否就意味着丢失了互联网行业发展的机遇前景？在衡量工作"好"与"坏"的诸多标准中，对我最为重要的到底是什么？

4.1.1 复盘，帮我更加了解自己

"复盘"一词来源于围棋术语，是指双方博弈后，通过重复对局的形式，分析棋局招法中的关键，总结经验的做法。水平高的棋手训练重点不在于每次棋盘搏杀，而是把大量时间用在复盘，以总结得失经验。当我对自己留在高校工作是否正确存疑时，是复盘思维帮助我正视内心深处，让我坚定而执着地选择了一份真正适合自己的事业。

记得很清楚，那段时间被"好工作"标准困扰的我，每天无心工作、无精打采。好朋友关心地问道："如果你离开学校，你想做什么？"我回答："我想去北京。"而当好朋友继续问我到北京具体要做什么工作时，我竟无以回答。

好朋友的问题促使我反思，我究竟是被什么困扰？是因为有更好的选择摆在我面前所以焦虑？还是被在一线城市工作的老同学们的高薪吸引？或是觉得生活过于单调，应该来点挑战？抑或北京这个城市对我来说有更大意义？

其实都是，但也都不是。

我开始仔细洞察内心深处的声音——复盘我为什么当初会选择留在高校。

第一，当年毕业时，正赶上互联网行业发展上升期，实话说找到一份"高薪"工作并不是很难，留在学校工作也只是当时几个选项之一。而为何后来我会坚定留在学校，一是和读书时参加过的几次走访企业实践关系很大。当年曾和老师同学一同到北京走访了多家IT、科技企业，一周的参观学习，虽然不是切身实习，但也让我感受到了作为一枚螺丝钉在企业中的艰辛不易。

我是个比较开朗外向、喜欢和人打交道的人，比起作为工程师、研发人员每天坐在电脑设备面前操作处理，从事相对重复的工作内

容，我更喜欢在学校环境下与学生更多接触，获得工作带给我的成就感与价值。

第二，工作的"可持续稳定发展"也是我在选择工作时非常重要的一项因素。如果像我的同学们一样毕业后进入企业工作，成为程序员、工程师，"35岁危机"将是大多数人不可避免去面对的命题。而在高校身兼教师和管理岗位双重身份，所谓的"年龄危机"风险就被大大弱化。只要努力工作，事业发展前景并不比企业差。

第三，从12岁上初中离开家之后，多年来始终一个人在外拼搏，因为父亲患有慢性病，陪伴父母这项因素在我的各项人生选择的重要关口，都有着充分的优先级。而选择在高校工作，可便于我充分利用寒暑假时间回老家陪伴家人。

综合上述几个因素看，高校工作实际是我当下人生阶段一个相对不错的选择，通过复盘，我也更加清楚地意识到，世上并不存在可以满足一个人全部诉求的"好工作"，所谓"好工作"的评判也并非单一指标可以衡量。既然高校工作是同我当下阶段诉求比较相契合的解决方案，我为何又会出现如此强烈的工作焦虑？

我又开始复盘倦怠情绪的起点从何开始。

刚参加工作时，角色一下子从学生转换到老师，再加上赚到人生第一笔工资，体会到自食其力的快乐，生活、工作的动力都很足。但时间久了，发现作为青年教师，工作的事务性、重复性很强，想要在工作中寻找突破，打造亮点，却又两眼摸黑，无从下手，为数不多的工作收入、角色转换适应期的新鲜体验带给我的意义逐渐褪去，从前的兴奋感慢慢就被消耗殆尽了，我开始逐渐找不到自己的价值，想到这，我也突然理解了为什么网上有那么多帖子讲到大多数人才工作一两年，就进入了职业倦怠期。

经过以上两轮复盘，我大体弄清了自己被"好工作"标准困扰的原因：并不是高校工作不适合我，而是我心里的价值认同在作祟。

上面两轮复盘已经过去很多年，现在讲起来容易，但对当时的我来说实属折磨。经过前后大概半个多月的调整，我开始重整旗鼓，全身心投入工作。对工作方法有困惑，就经常同有经验的老师请教；对工作效果有期待，就主动参与各项专业培训提升自身素质。现在，领导经常提起，我和身边的同龄人相比多了一分成熟，除了会拿自己的"奶奶灰"发色自嘲以外，我想，领导言语中的这分成熟是复盘带给我的思维模式与行为方式的转变。

复盘，是每个想要快速成长的职场新人必须养成的思维模式。如果你也刚好处在职业倦怠期，千万不要一时冲动，记得像我一样，仔细复盘你的情绪来源，找到问题症结所在。"复盘"帮你认清到底什么才是工作中的"真问题"，只有找到"真问题"，才有可能解出"好答案"。

刚才讲到了复盘在判断工作"好""坏"、应对职业倦怠时的作用，其实远不仅如此，优秀的复盘习惯能助你快速成长，在职场中走得更远。

4.1.2　精进对新岗位内涵的理解

还是在工作的第一年，曾有幸获得一次单位外派参加一周业务实训的机会，这类机会对我这种新人来说实属不易，一同外派参加培训的几名同事都是各自领域的佼佼者。在一周培训结束且单位未做任何要求的情况下，我主动复盘培训全程，从新人角度梳理出一份体会收获，并以邮件形式发送给了选拔这次培训派出人员的分管领导。

作为初出茅庐的新人，第一次给当面交流机会不多的领导发送邮件，内心属实有些慌张，未曾想不仅得到了回信，也收获了分管领导的认可与肯定，正向加深了领导对我这个职场新人的积极印象，这对于当时工作经验近乎零，业务能力囿于书本中理论知识的我来说实属莫大惊喜。

想要在职场中脱颖而出，你必须学会用好复盘思维。学会复盘，是每个职场新人的必备利器。

说来也巧，当年因为职业焦虑，嘴上说着"想要去北京"却道不出个一二三四的我，还真到北京工作了一年。2020年尾，我受单位委派到国家机关借调工作一年，无论工作环境还是内容的变化，对从校园到职场十几年始终在学校环境下的我来说都是不小的挑战。初到借调单位，我所主要从事的文字报告工作内涵同在学校工作时大为不同，尤其是行业专业术语、表达方式对我而言都相对陌生。

为了短时间内尽快适应新岗位要求，我把半年内单位的全部文字报告打印成册，发挥理工科出身的思维优势，将所有同类表述合并整合并分析其表达逻辑，同时就之前不曾了解的专业术语重点标注，以便记忆。此后，我坚持每次将自己撰写的文字报告初稿和领导修订稿进行比对，复盘问题所在并反复试错练习，如此坚持了半个月后，我已经可以顺利地完成新岗位领导安排的各项文字工作。回头看，正是一次次复盘，精进了对我新岗位内涵的理解，迅速提高了应对新岗位工作要求的技能。

除了在职场环境中保持复盘思维，坚持"年度工作复盘"也是让我获益匪浅的习惯之一。

4.1.3　年度工作复盘

从2015年起，我养成了每年12月31日复盘当年工作的习惯，到今年已经坚持第八年。每年这一天晚上，我都会推掉所有的应酬安排，给自己一个独处空间，用大约5~6小时对全年工作进行回顾，并就下一个自然年进行工作规划。把过去八年的复盘经验和大家进行分享，内容主要包括三部分：

1. 全年回顾

此部分可根据个人习惯进行细化分点，要重点记录全年工作中的关键人、关键事、取得的成绩、犯过的错误（这点很重要）等。需注意的是，全年回顾部分并非硬罗列，还需要加入有关工作的软思考以及心态变化，有何成长心路历程、坎坷或喜悦，甚至愤怒，只要有益于总结反思，都可以在全年回顾中体现，客观即可。

2. 对照上年目标执行进度

此部分根据实际情况记录即可，但对未完成的目标，需要进行原因分析，建议可对照目标设定目标管理原则（SMART原则），即是否"具体、可衡量、可实现、相关性、时效性"。比如"我想好好工作"并不是一个好目标，而"新的一年，我要参加至少1次专业相关培训，取得至少1项资质认证"就是一个符合SMART原则的好目标。通过以上办法，分析上年度工作目标设置存在的问题，可以帮助我们更好地调整计划，有助于落实计划。

3. 制订新一年规划

当给朋友讲起自己多年的复盘坚持时总会被问到，每年定下的目标在第二年一定能实现么？如果实现不了岂不是很受打击？其实不然，虽然每年都可能会存在当年无法完成的工作目标，但把时间拉长，两三年后你发现自己曾立下的目标陆续被完成时，成就与满足感也会随之而来。

此外，制订下一年规划时，需要把握好几点，首先务必要基于过往实际，比如在2019年的复盘中，发现全年只读了5本工作提升相关的书籍，所以定下2020年全年精读12本书的计划（一月一本，8本即达标），没想到因为突如其来的疫情，居家期间3月底就完成了8本的计划，后续复工复产后断断续续又读了6本，全年14本虽然算不上多，但也已超额完成目标。此外，新一年规划要应细尽细，计划是写给自己看的，不要考虑太多，只要自己可以看清看懂即可，年中随时翻看，作为督促自己进一步提升的动力。

"人生最怕的就是坚持"，为什么说年度复盘是值得每个职场人坚持的好习惯？坚持年度复盘的八年，让我比同龄人收获了更多的成长空间，它对我的影响已远远不是"仪式感"那么简单。

因为有了年度复盘计划的心理暗示，年中各阶段我也会经常停下来复盘自己的短期完成情况，并形成文字打卡在网络平台，用以督促自己。如果觉得自己一个人的自制力不足，报团取暖打卡不乏是共同前行督促的好方法。建议大家可以与好友组队成线上打卡群，设置激励惩罚机制（如未完成发群红包等），把握好每月的月初、月末这两个关键时间点，可以月初思考"本月工作中你要实现的最重要3件事是什么？"并发在群中，月底最后一天复盘当月完成情况。久而久之，既养成了"吾日三省吾身"的好习惯，也能和好友一同前行进步。

年度复盘，值得每个职场人坚持的好习惯，停下来复盘是为了更好地出发。

丁架月，浙江大学外科学硕士，整形外科副主任医师，浙江省美容外科A类主诊医师，国家二级心理咨询师。就职大型公立三甲医院整形外科，有16年工作经验。一个专注医美和积极心理学的医生，陪你一起安全变美的技术宅。

作者邮箱：80942138@qq.com

"

4.2　总被琐事耽误进度

在职场，人人都需要升职加薪。

对于大多数职业来说，专业资格与业务能力，是车之两轮，鸟之两翼，缺一不可，医生的升职加薪也是如此。我对待工作认真勤奋又细心谨慎，此后的业务量也一直能跟上级医生看齐。

但是，就在我的工作看似顺风顺水时，我的专业资格却没跟上业务能力的提升，不知不觉间已经摔进坑里。回想起过去摔坑里，又爬出坑的艰难血泪史，训练专注力功不可没。

大多数人到医院看病，或陪家人朋友去看病，都知道要找专家，但对于医生的级别却很困惑。在一般的三甲医院，医生晋级犹如一级级台阶，分为住院医师、主治医师、副主任医师和主任医师。

有执业医师资格，即"行医执照"的持证住院医师，就可以独立诊疗，独立值班，签名有效；主治医师在专科领域拥有更加权威的诊疗能力，当然了，薪水和待遇也会高一个台阶；副主任医师级别，就是业内外公认的某个医学专科领域的专家了，会被同事和病人们尊称为某主任；主任医师就可以理解为专科领域权威。职称评聘是一个复杂的过程，通过考试取得相应资格，只是取得聘任的第一门槛。

4.2.1 无法进入专注状态

第一个重大考试，是我到医院正式工作满1年，参加执业医师考试。这次考试通过就可以取得"行医执照"。

我们医院给新职工提供了宿舍，距离医院两条街，方便我们值夜班和被呼叫。20余位临床医生都在准备应考，我和C医生尚未脱单，住在最外一栋的7层阁楼上，我们两人各占一个房间、一个阳台。

站在C医生的阳台上，可以看见对面那栋楼，往下看，5楼有一个敞亮的窗户，靠窗有一张书桌，书桌前坐着一个年轻的男子，他一直埋头看书。我不知道他坐了多久，反正每次到C医生的阳台上看，他都在。我几乎要以为那是一座固定的雕像。我很佩服他的努力和坚持，那时候，我还以为长时间保持不动弹就是专注力。

看完对面的学霸，我回到自己房间，坐到书桌前，用我20余年来养成的笨方法继续复习。你是否也有类似的经验，树立了目标，尝试集中精力，翻开其中一本厚厚的书，试图一天看完数厘米厚的页码，甚至期望一天就可以将整本书的内容一股脑儿装进脑袋里。

但是，刚刚进入状态甚至尚未进入状态时，外界的各种声音，或大或小的脚步声、汽车的鸣笛和马达等杂音，它们会随时闯进脑海，把原本尚不完整的思绪撞碎成一段段碎片；脑子里积累的各种杂事和琐事，就像老鼠、蟑螂，随时会从某个隐秘的角落跑出来遛个弯，让我坐立不安，我不得不起身去驱赶、踩死，扔进垃圾桶。

这样一顿猛如虎的操作下来，往往大半天也就看了寥寥几页，便已经到饭点了。我是一个绝对准点吃饭的人，最好的选择就是起身下楼去觅食，计划吃完饭继续。但是，吃完饭后依旧无法集中注意力。此时的我，反思自己效率太低，备考这件事，就像一个卡顿的下载进度条，网络不畅，一整天也没见到多大进展。

看着厚厚的教材，扎扎实实地压在我的心头上。任务太庞大，我心浮气躁，一顿抓狂，就像一个卸了货的破麻袋，沮丧地瘫在我的高低铺上。备考的多数时间都是在这样的低效率和不良情绪间打转，真正让备考有进度的，都是在沉浸式的高效率学习时段，但这个高效时段难以召唤，它是否出现，何时出现，何时被打断，全凭运气。

经历了数月的准备，终于到了考试的那一天，一大清早，我就带好考试必需品，准备提前去熟悉考场。隔壁的C医生估计听到我的动静，打开门，对我说："我们考试取消了，因为有人泄题。"

我惊呆了："啊？那什么时候再考？"

她说："不知道。"

我还是不信："开玩笑吧？"

她还穿着睡衣，睡眼惺忪，脸上写着严肃："你不信的话，可以去考场看看，是真的。"

每年都固定的考试时间，因为突发考题泄露而紧急停考，这在当时绝对是一个"黑天鹅"事件，尤其是对我们考生来说太意外了。因为不知道什么时候再考，日子便在工作琐事中浑浑噩噩过去了。两个月后临时通知再次开考，我觉得力气都已经在第一次备考时耗光了，这是我第一次体会什么叫"一而再，再而衰"。

考试的结果总是有人欢喜有人忧，我差了2分，没通过。第二年的夏天和秋天，我不得不更加重视这个考试，逼着自己，几乎耗尽了所有的业余时间和精力，彻底攻克了外科学、儿科学和妇产科学这几门主课。等到了放分的日子，我怀揣着看破红尘似的淡泊和悲壮，关上房门，一个人躲在屋里，安静地看着电脑页面跳出的成绩，我哇得一声哭出声，泪水涌出眼眶，这是我第一次体会什么叫"喜极而泣"。

4.2.2　探索自己的高效时刻

第二次重大考试，是取得执业医师资格满5年后，需要取得主治医师的资格。

此时，我已经结婚生子，搬到了一个老小区，周边非常热闹。日间有全市最热闹的菜市场，夜间有公园里的广场舞，老人来帮忙照顾孩子，孩子调皮地上蹿下跳，老人嘴里也不闲着。我们跟其他夫妇一样，也在经历很多矛盾和摩擦。

此时，作为部门的骨干力量，有很长一段时间，忙到回家就睡，起床不是为了吃饭上厕所，就是为了上班。经常连续接管烧伤的急危重症病人，一边要严密观察重症病人的病情变化，与上级探讨诊疗方案，一边要出门诊，做激光和手术。到了考前最后一周，我这可怜的备考进度条，完全不足以支撑我的考试信心。面对惊慌、恐惧、焦虑等种种情绪交织，我想到了对策，厚着脸皮跟领导请了一周的年休假。这是我第一次请年休假，将手上所有工作都甩给了师妹。

就在这临时抱佛脚的一周，我逼着自己像当年对面楼那尊一动不动的雕像一样，把自己的身心硬压在书桌前。脱离了繁杂琐碎的工作，除了吃饭睡觉，只有学习。因为坐得实在太久了，以至于脖子酸得撑不住脑袋，最后还是在充气颈托的辅助下看书备考，坚持到最后。这样慌里慌张和混乱无序的备考结果是，四门考试中最后一门差了2分。第二年我又花了很多时间精力在攻克这门课上，才算艰难地爬出了坑。

爬出坑之后，我反思自己这两次惨痛的教训，很好奇那些少有的高效时刻是如何启动、如何维持的，在查阅了大量相关书籍资料后，我开始训练自己的专注力。大脑的注意力就像天空中的云朵，普通人大脑里的浮云随机而无序，容易被外界干扰，随风飘荡，而学霸，则擅长控制大脑里流云的走向和速度，使它们变得规律而有序。

第三次重大考试，是副主任医师资格考试。此时的我，已经生了二胎，搬了新家，独立带组，工作依然在琐碎中忙碌。提早两三个月正式开始备考，我选择了新华书店的阅读区，在充分的准备后，我设置一个高效时刻为25分钟，倒计时开始，我能够立刻进入高效状态，舍弃了凡尘俗世的纷纷扰扰，感觉自己就像身处世界之外的云端，大脑清空了内存，高效运作，思绪就像天空中的云朵，有条不紊在既定的路线上规律地移动，紧凑的节奏一直维持到倒计时响起。然后便可以站起身，离开座位稍作休息。

一个由自己操控的高效时刻，是奇妙的经历，一旦成功过，便有了自主权和控制感，不会再焦虑，并且会继续探索自己高效时刻的启动方法。在以往的休息天，我查房结束，一看时间已经是上午10点，便会觉得时间不够用，不安排学习了，自从找到启动高效时刻的方法，上午10点我觉得刚刚好，吃午饭前，刚好可以完成两个高效时刻。方法对了，人便不再焦虑，进入正向循环，该工作便工作，该生活便生活，只是利用了每个夜班后的两三个时段学习即可。在考完试的那一刻，我就知道自己肯定过了，骑着车回家，一路微风拂面，哼着小曲儿。

通过提高专注力，可以将有限的学习时间效率提高到极致。高效时刻具体有以下几点要求：第一，目标坚定，情绪稳定；第二，找一个完全独立的时间和空间，比如安静敞亮的新华书店学习区，图书馆的阅读区等（千万不要偷懒，创造时空来回所耗费的时间都是值得的）；第三，安顿好所有可能会打扰自己的事情，让自己尽量舒适，喝好水，上好厕所，休息充分；第四，准备一个25分钟左右的倒计时，倒计时开始前，深呼吸1分钟，就可以引导自己进入高效时刻。此外，冥想对于练习专注力非常有帮助。

4.2.3 整合出高效率

对于高效时刻，我花了两个"坑"来摸索，但是对于业务，我向来是效率最高的，一直颇受手术室同事们赞誉。一个年轻医生的日常，基本就是值班、收治、查房、手术，休息时间培训、学习、考试、自我提升。该做的事情坚决不拖，一拖拉到第二天、第三天，事情就会堆积成山，并且难度加大，甚至难以弥补。

高效医生和低效医生差别在哪里呢？临床医生的日常工作分为两部分，一部分是病房，一部分是门诊。对我来说，病房的工作量往往是不可控的，而门诊的工作量则相对可控一些。举个最简单的门诊手术日的例子，一般是病人按约定时间到达手术室，把就诊卡交给医生，由医生开具手术当天及术后需要的药品和手术费用，病人去收费处缴费取药回来，医患双方一起签署手术知情同意书，然后开始手术。

低效的医生不善变通，坚持执行单条流程，高效的医生会擅于合并同类项，创造一定的弹性时间，提高了时间的把控感。低效的状态下，病人做事的效率高低，会决定医生这一天的工作效率，常常两三个小手术就花费了半天、甚至一天的时间。而在我的门诊手术日，我会提前到达，打开电脑，将当天所有手术病人的单子开好，病人到达后，直接凭卡去收费处付费取药即可，多台手术之间几乎是没有中断的，病人和医生各自在自己的时间线上，做着自己的事情，只需要一起签署知情同意书就可以上台手术了。一天可以做10余台手术。

为什么我可以做到高效呢？除了我本身手术快准之外，更重要的是在预约手术时的几个细节，减少了很多不确定性：第一，我会在门诊时将就诊卡号、预约时间、手术名称等相关资料做记录备用；第二，对于不熟悉医院的病人，会建议他在预约时就去熟悉下手术室位置；第三，我会将多个手术做统筹安排，整体具有一定的弹性，避免因个别病人耽误其他病人。

无论什么行业，都有许许多多辛苦拼搏的故事，为了给自己和家人拼到一个更美好的未来，为了事业有更大的发展，实现自己的理想，探寻一套适合自己的高效的方法，非常重要！

Reya，毕业于英国利兹大学，传媒与传播学专业。曾就职于国内知名直播公司，协助（企业）品牌（电商）晋升为千万级、亿级直播间。作为跨境直播公司合伙人，跨境直播操盘手，品牌出海咨询师，持续输出、分享有价值内容，为品牌、企业、国货出海贡献力量。

作者邮箱：reyareya666@hotmail.com

4.3　做事容易磨磨蹭蹭

延迟满足，源于著名的心理学实验：给一群孩子，每人发一块糖，并告知他们能等到大人回来再吃的，会额外多奖励一块，用此追踪记录孩子们的成长。研究人员发现，那些坚持等大人回来的孩子们，普遍自控力更强，在学习、生活中成绩更优异，表现更卓越。

4.3.1　延迟满足后的 30 分与 70 斤

我上学那会儿，做事没有紧迫感，喜欢磨磨蹭蹭，连回答问题时起身的过程，都像慢动作回放。加之从小就胖，老师和同学曾送我个憨憨的爱称：大慢慢。

文科生的我，最大的梦想是可以考进北京。在东北，分数要考出超一本线30分，报北京才算稳妥。然而，直到高三下学期，我的历史成绩还经常不及格。别说北京，一本都是幻想。

一样的时间，同样的试卷，速度没优势，结果没把握。我和"高效"（高校）能有什么直接关系？听起来像个笑话。

在学习上，我并非聪颖，但也没让父母特别操心。家庭教育的基调是轻松、自由。但随着高考临近，家里气氛开始变得紧张，有时爸妈欲言又止，生怕说了什么让我受刺激。我虽表面漫不经心，内心却焦灼无比。

距离高考还剩不到100天，我的总分一直没能到达往年一本线。考上的希望相当渺茫了。但靠题海战术，只会让我做多错多，"努力"却不见成绩。我变得愈发焦躁、迷茫，一度躺平——一回家就先打开电视机。

那阵子，姥姥常对我说："别看了，学习吧，再坚持坚持，考完就好了。年轻多吃苦，老了才享福。"我总是不耐烦："这跟吃苦有啥关系？"姥姥总是语重心长："我书读得少，但经历的事、看的人比你多。你把电视戒了，别磨磨蹭蹭的，心定下来，我就不信你考不上，咱就不能争口气？"

从小到大，我对诸如"表现好有奖励""不听话会被狼抓去"的一切"威逼利诱"都无动于衷。

事实证明，当内心真的渴望，就会陷入不安与焦虑。不断幻想家人带着一脸失望，围绕着自己，一边安慰一边叹气。接下来，就是复读的场景，别放弃啊……人啊，想象力丰富起来，真的拦不住。

现在回忆起来，其实很容易理解。控制不看电视，是一种对"即时满足"的抑制，目的是让心变得平静，也会更专注去记忆。人在凌乱的时候，看多少都记不到心里。

那阵子太痛苦了，每天五点咬着牙爬起来，就是为了抢出半小时背历史；中午大家午休，我会站到走廊墙角儿接着背；晚自习，一个苹果代替一顿晚饭，一方面，可以省时间，另一方面，避免吃多犯困；晚上到家，再多做一小时习题。就这样，"摸爬滚打"坚持了三个月。

考前最后一次模拟，我的历史拿了学年第一，人瘦了好几圈。高考成绩一出来，我真的惊呆了，居然高出一本线30分！

说来也是奇怪，不知是我真的养成了习惯，还是心理作用。我愈发享受延迟满足带给自己的改变，让我觉得付出能看到回报。我继续保持着少吃或不吃晚饭的习惯，就在大一结束时，我成功减掉近70斤。体重最瘦时98.7斤，之后基本稳定在105斤左右。

感受为了获得更远目标，自我控制的过程及变化，分析控制变量的直接或间接构成因素。比如：要想减肥，就要控制热量。通过控制甜食的摄入，感受这个过程及变化。

延迟满足，是等待中自我控制的能力，有助于趋向更好的结果。

4.3.2 站在客观且长远的角度看问题

初入大学，很多人会突然有种感觉：前所未有的"自由"。除了上课和必要的集体活动，有大把时间可以自己支配：去图书馆看书、自习，和舍友通宵玩游戏，参与社团、学生会选举，在最好的年纪留下关于爱情的点滴……区别于童年，长大就是有选择自由的权利，但必须为自己的选择负责到底。

延迟满足，能让我们有缓冲和思考的余地，有助于优化选择，不仅可以避免因留恋"安逸"做出的错误选择，同时能聚焦个体，重视个人价值的实现方式。

多体验和敢尝试，用心感受，耐心对比，这是探索自我的过程。不要急于为人生敲定方向，坚持长期主义；不要惧怕周遭的影响，走出自卑与自我怀疑。尊重内心的声音，明确哪些不适合自己，哪些自己格外感兴趣，最了解自己的人始终还是自己。

对于大学生活，我有大概的规划，总结过往经验，深刻意识到掌握时间的重要意义。同时，我很了解自己，对一成不变的事物会慢慢失去兴趣。所以，无法老老实实围着自习室或图书馆。

延迟满足，并不意味着妥协、忍耐。当我们深入感受就会发现，我们可以选择擅长且有意义的事情代替。某种意义上讲，也是一种居安思危的能力。大二，我选择兼职教英语。这并不意味着，我以后一定要做一名英语老师。但主动选择，给自己一些有挑战的任务，可以慢慢收获蜕变。

每到周末，我要五点起床，虽然学校和兼职上课的地方在同一区，但北京的路况，至少要为路上准备出一个半小时。大三寒假，除夕刚过，我就一个人赶回北京，因为要带寒假班。整个宿舍楼几乎没什么人，很不凑巧，有一天宿舍的电用完了，我只能天不亮赶路，正常去上课，晚上回来，抹黑到宿舍就寝，一直坚持到开学有负责人上班。

做一名好老师，要时刻更新自己，不仅是对个人专业领域的深耕，更要对广泛知识有所涉猎。同时，要善良、有耐心，影响并成就他人。学以致用，是对知识最好的消化。

好的改变，一定是潜移默化的。成长，需要一点点积累。真正的热爱，是用无谓之心，行有心之事。很快，我从最初的周六、周日各带一个班级，到每天三个班级排满。不到一年，从毫无经验到全国十佳兼职教师。收获到的不仅是荣誉，是作为老师，渐渐根植内心的利他思维。

大四毕业前夕，我入职新东方，直接带暑假班。那时要一边带课，一边准备留学法语考试。最忙时，一天赶三个分校，跨两个区，乘六趟地铁。但这些并没有让我萌生任何请假或放弃的念头。如今，每每想起这段经历，不禁羡慕自己当时的"疯"劲儿，散发着鼓舞人心的力量。

我们在变化中学着适应，在适应中做出选择，在选择中成就更好的自己。人生就是无数个选择的无缝衔接。正如我们选择来到这个世界，用自己的方式与周遭融合。延迟满足，就是尊重环境变化，并且懂得适应。

延迟满足，是站在客观且长远的角度看问题。它鼓励我们顺势而为，及时止损，不拘泥于局部，避免优柔寡断。人生有太多的选择，我们明明知道错了，但往往觉得改变麻烦，更怕曾经的付出变为沉没成本。当我认真为留学问题而权衡法国与英国的利弊，直面内心的真实想法，我必须承认，我更喜欢英国。是的，我最后去英国读研了。

一个偶然的机会，我用到一款面膜，觉得很好用，而且我去上课时，学生都会问："老师，你最近咋这么白了？"那时，我除了分享给朋友，还会发发微博、朋友圈。而"微商"一词还没有诞生。从一盒面膜，到一箱面膜，从送朋友们用，到不断有人找我回购，从零售到批发，从批发到固定人群囤货，扩大到代理拿货。

是的，我一不小心，成了大家说的"初代微商"，按现在的说法，站在了红利中心。

而我在红利中心扫了一眼，似乎对钱并未太多留恋。随着留学录取通知的到来，似一股清流拨动了我的心弦，轻轻地放下一切，坦然迎接未来的学习之旅，甚至来不及回看曾经的一切。

但我已经格外感恩，同时并没有放弃经营副业，只是战场不同而已。从卖面膜，变成时尚买手和编辑。始终坚持，学以致用，顺势而为。不贪恋一时的利益，不放弃对未知的寻觅。一边留学，一边通过副业挣钱，看了世界的同时，也有了事业最好的安排。

从高考冲刺，到留学深造，中间隔了五年；从拿到人生第一笔兼职报酬，到副业超过主业的十几倍，中间隔了近三年。上学的时候，不甘于平淡折腾兼职，工作愈发稳定，突然选择重返校园。人生本该如此，格局一旦打开，视野必定广阔，剩下的就交给努力了。

构思这篇文章期间，我正身处头部直播机构，在刚结束的双十一大促中，团队超额完成目标（180%），参与的项目销售额破亿元。而就在三个多月前，我还是个直播电商老白。没错，不是小白，因为和我一起工作的，都是"95后""00后"。从入门到"大场"（双十一），我是唯一坚持到最后的小阿姨。

走出舒适圈，人生不设限。我并非主张跟"00后"比熬夜，是善于用自己的优势和价值，去置换新的"能力"。

距离我第一份工作，即将满十年之际，通过一道道入门，探索每一个新的自己，期待遇见下一扇门打开后，更好的自己。

王艺凌，主要从事家居装修设计的相关工作，10年设计经验，曾设计超过100套房间装修。致力于研究可实用的设计，运用设计的视角解决生活中的难题，追求空间与物、人与物，以及人与空间的和谐，满足功能与效果的双重追求，让一切设计围绕人的追求进行。

作者邮箱：124442143@qq.com

4.4　认定自己完不成目标

有位名人曾说，信心是为意念振动赋予生命力、活力、行动力的永恒生命的源泉！信心是积聚一切富裕的起点！信心是所有奇迹、所有奥秘的基础，无法以科学的规则分析！信心是对治疗失败唯一已知的解药！

决定人生成功的因素有很多，其中人的信心占了很大因素，做事不能以试试看的心态去完成，那样结果一般不会理想，带着内心笃定的信心去做事，认真地完成，通常结果都不会太差，反之不笃定，连行动都是没有力量的。

4.4.1　锁定自己的目标，终会有结果

刚入职场时，谁都不知道彼此有多少才能或者更大的机会，很多人都说我那么努力，为什么还看不到结果，事实上上天不会辜负一个真正勤奋的人，其结果终究会到来。

我认识的一个男同事，是个十足的"内向人"，同时进公司的有好几个同事，同事之间经常谈笑风生，想努力建立彼此之间的关系，想要尽力地表现自己，而他总是默默做着自己的事情，平常很少与同事交流，即便交流也只是同事之间工作的交涉，平时几乎很少说话，不爱表现自己，安静地努力学习着自己该有的技能。

当时公司缺少绘图表现师，只有他苦钻作图技能，时间一长，他的3D绘图做得比谁都好，速度又快，很多同事都要他帮忙去做。作图很耗时间，慢的两三天才能做一张，而他一天出一张图，我曾经和他交流，才发现他内心是一个很坚定和自信的人，他对自己的目标很笃定，而且擅于发现自己的特长，没多久便成为单位不可或缺的人才。

很多时候我们不是目标完不成，而是目标定的太多，干了许多不该做的事情，人需要认清自己的特长，知道自己能够做什么，却不知道什么事情不该做，设定目标很重要，目标将带你去哪里，往哪里走，你的目标预示你能成为一个什么样的人。那么我们如何去实现自己想要的目标，而让目标能够清晰可见呢？

首先，要列计划。没有计划，就没有明确的目标，你的思绪是混乱的，也就不会有明确的结果。思绪越清晰、聚焦、专注地完成一件事情，越能得到好的结果，很多时候，几件事情同时进行，得到的结果不一定能够如愿。

其次，要有自信。要沉着冷静，不受任何外界的压力、恐惧、焦虑的影响，继续自己的行动。我有一个同学在上大学期间考了好多的证书，如导游证、建造师证、保险代理人证等，毕业时她手上有好几本证书，但都和她的专业不相关，说是为了多考一些证书，毕业后工

作好找，让自己多一些选择的权力。后来，她毕业后也没有从事任何相关领域的工作。

很多时候，我们的工作与自己学的专业完全不是一回事。周围以及外界的压力让我们变得很焦虑，从另外一个程度来说，这也是对自己的不自信，其实目标明确、坚定的信念、行动有力，更能让自己看到好的结果。

最后，做到刻意练习。不管是学习什么样的技能都要在一定的时间内多做练习，很多时候我们学习了很多技能，还没有机会运用它就已经淡忘了。之前我学习过很多软件，如Photoshop、Adobe illustrator、3D Studio Max、视频制作软件等，到了工作的时候，涉及面比较窄，有的软件用的概率很少，或者在工作环境中根本运用不到，最后只停留在自己学过的层面，很长时间用不到，无法与工作产生链接，长此以往就把学习的软件忘光了，只停留在知道的层面上。很多事情看似很简单，以为可以走捷径，其实背后都要付出很多的努力，做到刻意练习，长期的坚持，就会有不一样的结果。

4.4.2　战胜恐惧，保持积极乐观的心态

做成一件事情，偶尔是靠运气使然，更多的是靠实力、积极的心态与个人的能力，还有一些做事的方法。生活、工作中，变化是常态，人所想的、所思考的、所做的很多的事情源于自己的恐惧，实现目标更多的是源于坚持并充满信心，对目标、结果实现的坚定性，需要内心有笃定的力量，保持乐观的心态。很多时候我们被恐惧吓倒，事情还没有发生却终止自己的行动，让本属于自己的机会也失之交臂。

我以前是一个典型犹豫型的人，很多时候容易受别人的影响，甚至因为一句话影响了自己的心情，偶尔一句话又改变了自己的想法和情绪，这时常让自己痛苦和后悔，不经意间把事情想得很糟糕，后来才知道心理学有一个名词叫防御机制，其实是一种消极的心态。

成长的过程中是不断改变自己的过程，积极的心态很重要，有人曾经这样说：成功不是追求得来的，而是被改变后的自己主动吸引来的。

我认识一个女同事，她是公司一名业务员，业绩在公司里很突出，她是一个很积极乐观的人，平时说话很幽默，和同事谈话也总是乐呵呵的，给人的感觉是看不出来有烦恼的人，她手上总是离不开一个本子，里面记录了她和每个客户交流的信息，如反馈、回访、答复、问题、时间、跟进的进度等都记录得很清晰。同时她也是个很有好奇心的人，经常和技术人员交流，私下也很爱看书和学习，之后辞职自己去创业了。乐观的人似乎永远不会杞人忧天，能安下心来做着自己事情，自然会得到想要的结果。

多数人养成了害怕失败的习惯，很多时候因害怕失败而放弃，殊不知往往只有透过失败才能认识成功。恐惧是前进和实现梦想的唯一敌人，自信、笃定才是抵达理想结果的力量。

4.4.3　拥有智慧，更要拥有勇气

很多时候，我们生活工作中不缺会勤奋的人，但是缺乏真正有勇气认识自己的人。心理学有个概念，叫作"自证预言"——你越相信什么，就会越可能实现什么。反之你越担忧什么，就越来什么，我们时刻需要给自己信心，让自己拥有自信的力量。

邓亚萍在《心力》中叙述，她8岁时被省队拒绝，13岁被国家队拒绝。国家队的5个教练中4个都反对收她，他们认为邓亚萍个子太矮，没有机会战胜欧洲选手。只有张燮林教练坚持说，个子矮反而是邓亚萍的优点——因为她矮，所有的来球，她都有了扣杀的机会。因为这句话给了邓亚萍进攻的动力，也成就了她打球的风格，成了她人生的格言。

人是需要勇气去改变自己的，从一开始决心就要贯穿始终（不是"不一定做得到"，而是"一定会做到"），内心无比的坚定和笃定，

理想必然实现。

当我们怀疑的时候，只有通过行动来建立信念，就算不自信，也要装出自信，樊登曾说：如果你想要成为一个什么样的人，首先让自己装出这样的人所拥有的特质。

我之前在公司里一直是一个普通的职员，当我意识到没有技能很容易被别人取代时，决定转行学设计，决定后内心很笃定，给自己的决心是不管遇到什么样的困难，一定要去学设计。期间做了很多的功课，从学习软件、理论知识，如人体工程学、色彩知识、材料知识等，再到不断实践，总共花了两三年的时间才让自己入门。我还刻意搜集了几万张设计图片，不断研习，让自己能够对图片的设计有深刻的认识，增强空间感。

在这期间也遇到很多困难，很多次也想放弃，都说学习一项新技能与职业转型最少要承受三年的痛苦与时间的煎熬，让自己内心归零，不断磨炼。不过，我都坚持下来了。所有的事情是不断累积的过程，技能和知识都需要不断的积累。我也深刻意识到人的一个想法、一个观念对人生道路走向或许有很大的改变。

我们身边不缺有文化、聪明的人，但缺乏勇敢的人，对于勇敢的定义就是能干成别人不敢干的事情，我们常常因为一件事，事后懊恼为什么当时不勇敢地尝试一次，为错失或者没有做的事情责怪自己，纵然是失败又如何，至少我们不会留下遗憾。

在公司里，记得有一位大姐，人称璐姐，曾给我上了一堂勇敢课。

那时公司有一位电脑绘图员做效果图时总是很慢，电脑渲染图片时很卡，经常会出现电脑死机或做一半的图片消失了等情况，给工作带来很大的不便，璐姐知道后，直接冲到老总办公室说明情况，没过几天就换了一台配置高的新电脑，类似的情况，新来的员工经常加班到很晚，她主动向老总提出给新员工提供加班费与争取福利等。她是做事果断，行动果断，勇于承担责任，敢于担当的人。大家遇到困难都喜欢请教她，她也成了单位里的"大姐大"，成为每个人心中最勇敢的人。

　　人生很多事情是需要靠勇气去争取的，每个人都想成为一个优秀的人，勇敢是人生进步不可或缺的精神，相信就要笃定，勇敢的行动，种下幸福的种子，让笃定、信心同时出现在你的生活中，终究会结出丰硕的果实。

钟小岚，一个内心追逐自由的"80后"宝妈，一线教师，奉行终身学习的理念。有高级阅读教练师证，兼职阅读教练，柔与韧登阅计划合伙人兼ABM平台创业者。

作者邮箱：723901865@qq.com

4.5　不会变被动为主动

每个刚从象牙塔走出来的人，大概都会对自己的未来充满无限憧憬和想象，但在现实中无数次碰壁后，会感到彷徨焦虑，无所适从。好不容易找到一份工作，却离自己理想的样子相差十万八千里。

我是一名基层教师，教过小学生，也教过初中生，老师既像是孩子王也像是老妈子，虽然工作繁忙琐碎，但是学会变被动为主动，能让自己的工作轻松不少，各行各业均是如此。

4.5.1　学会寻求帮助

老师平时的工作更多的是在和学生打交道，不管是小学生还是中学生，要想管理好学生，就要联合一切可以帮助我们工作的力量，而家长就是老师可以寻求帮助的力量之一。

家长都希望孩子能够健康成长，乐于学习，老师也要关注学生健康，引导学生学习各种知识。家长和老师的目标都是相似的，必要的时候，老师会不定时进行家访、电访以了解学生的情况。通过和家长沟通，老师也可以对学生的性格、秉性等各方面了然于心，正所谓知己知彼、百战百胜，这对学生的管理工作有非常大的帮助。

除了家长，担任班级的其他科任老师也是班主任可以寻求帮助的力量。很多时候，学生对于他喜欢的老师教授的科目会特别认真积极，当有些特别执拗的学生闹情绪的时候，我们就可以请他特别喜欢的老师帮忙劝说。

换言之，在各行各业中，遇见不会处理的问题可以向身边的同事、长辈、领导需求帮助，让自己主动起来，工作才不会被动。

4.5.2 难听的话婉转地说

与家长交流沟通是老师的必要工作。和学生家长沟通并没有想象中那么简单，要秉承好事要公开说，坏事要私下说的原则。初为人师的我就曾吃过不会说话的亏。

班里的小溪父母常年在外，家里爷爷奶奶溺爱得不得了，由此也养成了爱看电视的习惯。每次放学后回家第一件事就是看电视，因为沉迷电视，经常不做作业，屡教不改，让我很是头痛，气愤之下我打电话请家长来学校，家长来了后，我噼里啪啦竹筒倒豆子一样跟家长投诉，结果家长生气归生气，却不怎么搭理我，第二天早上小溪依然像以前一样，一检查什么作业都没做。

后来同事才告诉我，当时办公室里还有其他老师在，因为我的直肠子，让小溪家长很难堪，下不来台。虽然我反馈的都是实际情况，但是我没有看场合，没考虑家长感受，只说不好的一面却没有说好的一面。哪种家长乐意听到自己孩子的坏话呢？事后我反思了一下，当时在气头上，会口不择言。如果我在气消了之后再请家长，然后跟家长边聊边说出问题，先说孩子有礼貌、爱劳动等优点，再说他不爱学习，影响以后的成长发展，家长也不会有那么强的抵触心理。知道自己这方面容易踩雷后，我后来跟其他家长或其他人反映情况时，都会特别注意这个问题。

这时要注意：一是不在气头上去沟通；二是在沟通时先说好的一面，再委婉提出有缺点的一面；三是边聊家常边说问题，然后视情况而定结束话题；四是让对方保持持续关注，支持工作。

这样一来，被动的局面就能在自己的引导中变为主动，让对方更配合。

4.5.3 保持恰当的距离

在工作场合，我们最关注的应该是自己的本职工作有没有做好，初入职场最容易忽略的错误就是边界感，边界感掌握不好就会陷入被动的局面。

即便你性格开朗，乐于助人，在工作中，很多事情也要三思而行。如果你太好说话，你会发现，自己在工作上会局面很被动。就像老师，不仅要与同事保持恰当的距离，而且要和学生保持恰当的距离。

我有个同事刚开始当班主任时比较严肃，学生都怕她，有一些比较胆大活跃的女生就约着同学去拜访她，去她家玩，那些学生叽叽喳喳地在她家待了半天。一方面她觉得那些学生挺可爱的，另一方面她发现从那天开始，就很难好好上课了，因为班里的学生不怕她了。究其原因，还是因为学生了解她的脾气秉性，并在班级里广为宣传。

这些去她家拜访的学生并非有意捣乱，但是当学生感觉你和他们是差不多的时候，他们还会对你有所敬畏吗？作为引导者，还是和被引导者保持一定的距离更好。

当我们建立起边界感，主动权还是会掌握在自己手里，能更好地完成工作。

4.5.4　抓住对方的关注点

一个班的学生那么多，每个人的想法不同，每个人的关注点不同，每个人的需求也不一样。不同需求的学生，不能千篇一律地对待。有的学生注重荣誉，有的学生热爱劳动，有的学生喜欢得到别人的关注，有的则喜欢出风头……

老师要在大的原则下，结合实际情况，对每个学生的问题进行差异化处理。珊珊是我们班一个非常注重面子的学生，她平时好学上进，积极参与班级事务。但是当我看到她写的作文和作文书上近乎一致时，我心里还是很生气，在班里点名批评了她，没想到她自尊心非常强，当场就哭了。当时我心里还想着这样惯着她，成绩好的写作文都抄作文书，其他学生，还不有样学样跟着来！

后来叫她来谈话才了解事情缘由，原来她听信同学忽悠背作文，考试抄上去，以为这样可以拿高分，只是没有想到老师会这么生气。我教导她这样做不仅不能提升自己的能力，而且会造成不好的风气。

就像是学自行车一样，刚开始不会学习，需要父母长辈帮着扶一下，如果父母长辈不放手，那么你永远学不会这项技能。写作文也一样，如果背作文就能拿高分，那大家都不会去写作文，不试着写就永远不会进步，每次写作文都只能依靠作文书。后来珊珊认识到这种做法并不可取，也表示不会再背作文抄作文，但是我发现她对于班级事务不再像以前那么积极了，也感觉到她对我也不那么信任了。

我知道我在这件事情上处理不够妥当。后来有经验了才知道，自尊心强的学生会比较心高气傲，他们最在乎的是面子和机会，如果犯错了，可以剥夺几次他们出风头得奖励的机会，但是切不可当众让他们丢脸，而我恰恰在这点上犯忌了。

多关注那些渴望得到别人关注的人，发掘他的优点，多支持多鼓励。爱出风头的人可以多给他们一些表现机会，必要时还可以放权，让他们参与管理。抓住对方的关注点，让对方主动去变得更好，那我们的工作就能更简单地完成。

卞集，北京海淀区小学数学教师，校级学科带头人，论文、教学基本功多次获奖。具有小学全学段数学教学经验，课堂风趣幽默。从企业到讲台，从计算机到统计学，擅长钢琴、大提琴，丰富的经历让教育教学更加得心应手。

作者邮箱：bianjibj@163.com

"

4.6　不会在工作中抓细节

直到今天，我都能回忆起当我说自己已成为一名人民教师时，周围朋友惊讶的眼神，满脸写着"天哪，她居然真的当老师了！"

是的，只要你想，别人眼中的不可能，你就能变成现实。只要你想，看上去棘手的工作也能变得游刃有余。

4.6.1　利用小小标记，大大提升效率

在我实习的时候，非师范专业的我，对小学的认识仍然停留在自己上学时候的理解，当我真正走入学校，进到课堂，发现一切是那么陌生而又充满挑战。现在回头看，当面临所

有全新环境时，有一个富有经验的师父是多么宝贵的一笔财富。我很幸运在入行之初，就能跟随这样一位引路人，她教给我的一些方法，在今天看来，也是高效工作的法宝。

比如说，对老师的要求是，学生的作业要做到全批全改。意思是，书上的所有题目都要进行批阅，学生的错题都要改对。也就是说，每个学生每天的作业要保证所有人都是"√"，看似很容易，但书上每页每个人约有几十道算式题，全班40人，就有千余道题目，一个学期一本书约有100页，除去一半的例题，练习题有50页，再算上平时的练习，也相当于有100页的题目。全班一页千余道，一个学期就是10万余题目，怎么保证这些题目所有的学生都改对了呢？

答案是每天都保证当天的题目尽可能改对改完，前一天的题目更多人都改完。那么当天批改时，我就要把之前批改过的题目再浏览一遍吗，看哪一道没有改对？如果是这样，工作量真是大得惊人。师父有个小妙招，如果某一名学生这一页全部改对，就在书页的右下角标一个小三角"△"符号，要查看这名学生是否把所有题目都改对，只需要看这一页是否有"△"，如果有，则说明全部改完，无须把整页的题目再次浏览，大大节省了时间。

一个小小的标记，是多年工作经验所凝结出的智慧，也是对日常工作的思考。当你面临事项繁多的工作，不妨用用这个做标记的方法，对于已经查验过或已完成的工作进行标记，或者是你熟悉的归类方法，让自己的工作变得更加清晰有条理，完成起来事半功倍。

4.6.2　主动提供帮助，向前辈取经

工作中有一位引路人无疑是幸运和幸福的，即使没有，"三人行，必有我师"，只要你有一双善于发现的眼睛，总能从身边发现学习的榜样。

在我入职之初，我就发现与我搭班的语文高老师，是一位富有经验的班主任。她的各项工作都能有条不紊地完成，所带的班级学生成

绩高、习惯好。而且，她很愿意点拨后辈，现在回想起来，能有这样一位富有工作智慧的合作伙伴何其幸运。

带班之初，我发现自己班的学生略浮躁，而走进高老师的班，就有一种和谐的氛围扑面而来。这里固然有年资经验的原因，但我想总会有一点方法是我能立即实施的，我便向高老师请教。

原来秘密在于学生养成了良好的阅读习惯。"只要能看书，学生就能静下心来"，"多奖励看书的孩子"，"只要一有空闲，就让学生看书"……

这个方法在我后来所有新接的班级中百试百灵。通过奖励、表扬，不断坚持，帮助学生养成随时随地自主阅读，这样能大大减轻班级管理的工作负担。

怎么才能获得前辈的帮助呢，除了要有谦虚学习的态度，我想还可以这样做：作为年轻人，可以利用自己熟练使用办公软件、视频制作等信息化技术使用的优势，以及自己有优势的其他方面，主动向前辈提供自己力所能及的帮助，这样有经验的前辈也会乐于向你分享工作经验。只要你留心观察，身边总有工作出色的同事。细心观察、请教他们的工作方法，弥补自己的短板。这样，在工作中就能少走弯路，更快地提升自己。

4.6.3　珍视向你提出问题的同事

作为职场新人，刚接手工作时难免有一些不足，很多时候这种不足自己是难以发现的。这时，如果有同事帮你指出问题，一定要多加感激，积极询问改正方法，这样帮助你进步的同事真的太宝贵了。

一次不经意中，同组的王老师向我提起，有一门课的老师反映，我班级的学生上课纪律不好。我大为惊讶，因为这样的问题自己从没有考虑过。在我还没反应过来怎么一回事的时候，王老师直接告诉我说，你去跟着听几节课试试。

王老师也是一位富有经验的前辈，平时对我帮助有加。作为新人，就应该听从建议、抓紧行动。尽管自己多花了一些时间，但跟班听了几节课，在这门课上，班级纪律大为好转。这样做，一来转变了班级在上其他课纪律不好的状况，缓解了因自己班级管理的问题，导致其他老师因组织课堂纪律而增加的工作量。同时，也是促进学生养成良好的学习习惯，对于自己的班级管理也是大有益处。

工作中，有些时候可能是自己无心之举，或者是自己间接原因导致的，可能就会影响团队中其他人的工作。这时，如果有同事能发现你的问题并提出解决方案，一定要倍加感激并立即付出行动。

这不仅能让自己快速对本职工作驾轻就熟，更是对自己的一种提醒，避免因自己的原因给其他人带来不便，只有这样才能让自己更快融入团队，工作时考虑得更加周全。

4.6.4　只要用心，学习资源唾手可得

工作中，除了向身边的同事求教，能快速获得解决方案外，还要进行系统的学习。获得扎实的进步还要靠自己来主动获取，而不是遇到问题再解决。要在问题出现之前，避免问题的产生，乃至更加有效地开展工作。

首先，书籍是宝贵且系统的学习资源。畅销多年的经典著作是首选，业界的权威之作也能带来许多灵感。以教师行业为例，苏霍姆林斯基的《给教师的建议》一经问世，几十年不衰，因为它所解决的都是教育里最根本的问题。

当你遇到困惑时，在互联网上也能提供更广泛的解决方案。比如在教育教学方面，名师的示范课，电子版的教材，班会的案例，等等，都会给予你一定的启发。除了通过搜索引擎检索资料，专业的网站也能提供更多有价值的参考。

如果有机会聆听专家讲座，特别是通用技能类的讲座，一定要参加。因为有些技能是无论从事任何职业都会用到的，对于自己的影响是不局限某一个岗位某一项任务的。还记得最开始工作时，当时我是

本科毕业，入职一家500强企业，单位组织了一次PPT培训，这对我之后制作PPT都有着深远的影响：如何结构化布局，每一页文字如何呈现……

专业方面的培训针对性较强，对于平常的工作更具有实操性。在面对面的交流过程中，可以针对自己在平日工作中的困惑，直接向专家请教，这样可以得到更具体的指导性意见。在一次"如何说课"的讲座中，专家结合各种案例将说课的各个步骤进行了细致讲解，我便认真做了笔记，并将这个方法运用在之后的基本功展示之中，心中有了框架，再深挖内容，结果自然水到渠成。

无论是从哪种渠道获得的知识，哪怕每次只记住其中的一点，并实际运用到工作中，日积月累，就是相当大的一笔财富。

4.6.5　充分准备，抓住机会

刚参加工作不久，有一次专家来点评说课的机会，学校领导指派我来完成。当时并没有想太多，就是觉得要认真完成工作。要知道教师平时的工作非常琐碎、繁忙，学校事务的处理就几乎占满了工作时间，平时备课都要利用自己的闲暇时间，像这样的基本功展示也同样需要在休息时间完成。

我翻阅资料，查找不同版本的教材，因为我知道要想对一节课有充分的了解，并且有自己的创新点，需要下一番苦功夫。同时，也按照之前专家讲座介绍的说课结构，进行内容的完善。那一段时间经常忙到凌晨一两点钟。

当最终呈现时，看到很多老师对着我的PPT进行拍照，听到老师们的高度评价时，我知道之前的付出没有白费。现在回看，原来这也是让领导、同事记住你的高光时刻，是自己用实力获得了认可，赢得了尊重。

可见，哪怕是职场新人，也有崭露头角的机会。前提是，要认真对待，充分准备。需要注意的是，这种准备不是自己认为的努力，要有正确方向，在正确的方向上努力，才会越来越接近目标。

今天的我已经在业务上有了长足的长进，回望当初，对于非师范背景的我，如何面对全新的挑战、快速适应高强度工作，我想这与留心细节，抓住一切可以利用的资源，不断学习、反思是密切相关的。能成为师父的人必定有独特的方法，工作能力强的前辈也是拥有工作多年总结的经验，同事的友善提醒更能助力自己快速成长，身边的榜样足以帮助自己的工作步入正轨。同时，借力专业资源，把握住机会，能让自己更上一个台阶。

第5章
积极主动沟通

我们除了行动起来，进入职场以后，还有非常重要的一点，便是有效的职场沟通，也许你会经历或者正在经历，工作中经常性的沟通不畅，听不准领导的需求，碰到好机会却不会表达，寻找不到职场伯乐等这些常见问题，本章就来学习如果进行积极的职场沟通。

天羽，堪培拉大学MBA，天羽沟通学苑创始人。从口吃到千人舞台演讲，10余年国际沟通与交流经验，帮助300多人通过改变沟通升职加薪、改善人际关系、把握成功机会。擅长不需要语言技巧的"潜意识"表达与沟通。

作者邮箱：lisa5656@live.com

5.1　工作中经常性的沟通不畅

职场工作中，很多烦恼归根到底是人与人之间的沟通问题，职场中的沟通是一项很重要的技能，掌握了它就可以免去很多误会和烦恼，在工作中事半功倍，获得更多成长及发展机会。

我以前和老板的沟通是这样的，老板问什么我就回答什么，想到什么就回复什么，所以微信回复他时都是一句一句的。后来我改变自己的沟通方式，发现自己这么回复老板的问题，其实是非常低效率的，增加了工作中的"沟通成本"，老板要一句一句看我的回复，然后去归纳总结并做出判断，这个过程中我做错了什么？

第一，这样你一言我一语，增加了沟通的时间成本，如果我把自己放在老板的角度，从他思考问题的角度去回答问题，那样有的问题就不用他问，我会提前想到并且以更加有条理、逻辑清晰的方式反馈给他。

第二，老板需要通过我一句一句的回答中去归纳总结并做出判断，如果我的表达和老板的理解有出入，就有可能造成决策的不准确。对于老板来说，这个过程还增加了他的时间成本和思考成本，无疑会降低公司的运营效率，他的时间、精力成本更高。

第三，这样的沟通方式会限制自己的职业发展，因为这样的沟通方式和思维方式能体现出这个人解决问题的能力相对薄弱。

后来我调整了自己的沟通方式，回复老板的问题时，我会用更有逻辑性和结构性的方式进行思考，并将要表达的内容整理成条理清晰的1、2、3点，然后一次性发给老板，而不是想到什么就说什么。我还会用一些小图标来对段落之间进行区分，因为阅读体验对于沟通的对方来说也很重要。

就这么一些简单的小动作，我发现老板不会经常性地找我了，因为我把自己能想到的，老板想要了解的问题和情况都一次性进行了回答，大大增加了沟通效率。出去见客户时老板也更喜欢带着我，这让我的工作积极性更高，成长机会也更大，我发现自己的工作效率和职场能力都得到了高速提升。

那么职场沟通中如何降低"沟通成本"，提高工作效率呢？

5.1.1　建立上层思维

建立上层思维可以分为两部分，站在老板或上司的角度思考和站在解决问题的角度思考。

站在老板或上司的角度思考，就是锻炼自己的整体观，把公司当成一个有机运作的整体，每个人的工作都要服务或服从于更高层次的工作。站在老板或上司的角度思考，就是要以老板或上司的角度看待自己的工作，是站在更高的角度思考自己的工作内容和工作价值。

自己的工作在整个部门、整个公司的作用和价值是什么？只有深刻意识到自己的工作在整个公司运营中的作用和价值，才有可能将自己的价值发挥到最大。个人的工作做得再好，如果不能与老板或上司的目标协调一致也没有价值。

　　现代企业中，任何一个岗位和部门都可以为公司创造无限的价值，只要你用心去发掘并把自己放在整个公司运营的生态中去思考。当自己有了整体观以后就可以提出更好的工作思路和建议，这对自己的职场能力以及职场竞争力也是非常有效的提升。

　　站在解决问题的角度思考，更容易避免和解决职场沟通中的矛盾与冲突。

　　职场沟通中，有时候难免会出现一些双方各持己见的情况，各自都觉得有道理，都觉得自己是对的。在沟通中"争对错"结果一定是双输，沟通中的观点不一致并不是问题，问题在于"追求对错"。我是对的，你是错的，当产生对与错的观念时，双方很容易不把解决问题当作首要的事情，争出个谁是谁非才是当务之急。这个时候，双方容易被情绪所左右，本来是要沟通事情的，但因为看法不一致，争执的出发点有时会偏离解决问题这一目标。你输我赢，或者我输你赢的结果，最后的结果往往只是双输而已。因为这时候的沟通已经不是为了解决问题，也不是为了表达不同的观点，而进一步演变成了维护自尊的冲突。

　　当冲突产生时，我们一般都是从自己的角度出发，但是别人看我们只能看到行动，对方可能并不知道我们心里的想法和感受，或者我们并没有将其表达清楚，对方也没有理解清楚。这就会造成理解上的鸿沟，也特别容易让我们走向自我保护，并把自我保护转向成为对他人的批评与攻击。

　　而我们如果只停留在这个层面上的话，问题是很难得到解决的，只会让矛盾越来越深。答案在哪里呢？答案来自上升一个维度去思考，如何把事情做得更好？如何成为一个更好的人？那么这个矛盾就会被弱化了。比如说两个总监，谁都想把对方弄走，自己当上老总，如果让他们把思维上升到如何做更多的事情？如何让自己成为一个更好的人？如何帮助别人成为一个更好的人，甚至自己去创业当老板，这个低维度的问题就不再是问题了。

经常听到职场中，有人因为不喜欢某个同事而离职，如果我们把沟通的思维转化为如何更好地做事？如何成为一个更专业的人？我相信，因为同事关系不好而离职的现象就会越来越少。因为沟通是双向的，当我们带着友善以及专业的心态去沟通，冲突和误会也会减少，沟通和合作的效率也会大大提高。

5.1.2　设定沟通目标

在沟通前，如果没有目标或者不管沟通结果，那其实这样的沟通就是无效沟通，是浪费时间和资源。没有清晰的目标，你就不会清晰地知道何时应该说"好"，何时应该说"不"。职场中，不论是上下级之间、部门之间还是跟客户之间，所有的沟通都是为了达成某个特定的沟通目的，因此在沟通之前明确沟通目的非常重要，比如这次跟老板沟通是为了确定最终的营销方案，跟其他部门沟通是为了推进某个项目从A点到B点，跟客户沟通是为了达成某项合作取得共赢。

只有沟通目标明确，我们才能做出相应的准备工作。有准备和没有准备的沟通区别在于：有准备的沟通可以减少沟通原点到终点的结点。沟通是双向的，是一条沟通路径，我们可以通过减短从沟通原点到终点所需要的结点来达到沟通的高效。

比如我之前跟老板的沟通，从A点到E点，需要经过A—B—C—D—E，调整之后的沟通则是：A—C—E，很明显，后者大大减少了沟通成本，节省了我和老板两个人的时间。

沟通的准备工作包括两个方面，沟通内容的逻辑梳理以及沟通媒介与形式的选择。

沟通内容的逻辑梳理指的是，对于沟通中需要涉及的问题，可以一一罗列出来，并且理清楚这些问题之间的逻辑关系，比如是并列关系、因果关系，还是递进关系，将自己想要表述的内容进行整理归纳，在沟通过程中，有逻辑地表达自己的话，让对方有条理地理解我们要表达的意思，因为大脑对于逻辑、条理清晰的表达会更容易接受和理解。

选择合适的媒介与形式在职场沟通中也非常重要，有时候，再有逻辑的邮件与文字也无法替代一个电话的沟通，再有逻辑、生动的表达也抵不过一个图文并茂的PPT，因此在做准备工作的时候，以怎样的形式去呈现能更准确地表达自己的意思并达到沟通目标也非常关键。

在职场中形成设定沟通目标的习惯，就会有清晰的方向感，如果没有方向感，则很容易陷入无效沟通。设定目标就是为了让我们能更聚焦问题与结果，从而以最高效的方式去做准备并达到想要的结果。

5.1.3　带着答案去问问题

对于开放性或者需要讨论的问题，沟通前最好准备好2~3个自己的解决方案，否则就会陷入没有结果或者声音太多的僵局。有一次我们有一个线下门店需要重新装修，我和老板以及几个同事一起讨论装修方案，我准备了很多问题去跟老板和同事讨论，墙面需要刷成什么颜色？地板要做成什么材质？门头的选择？吧台风格的设计，等等，这样一项一项地讨论花了近3个小时，也没有最终的方案确定下来。后来老板的一句话点醒了我，他说："这样的讨论太耗费我的脑细胞了，按照我们刚才的思路，分别做出英伦风和简约风两个不同的整体方案提交上来给我，把我的工作变得尽量简单。"

复杂烦琐的思考是极度耗费精力的一个过程，在跟对方沟通的过程当中，要将他的思考简单化，对于开放性问题，带着初步的答案或解决方案，在此基础上进行完善和讨论，阐明自己的理解和观点，并请求从对方的角度提出意见、想法或改进方面，要比拿着一堆问题去沟通更容易，会让对方觉得跟你沟通特别简单，简单并且逻辑清晰的沟通更能赢得简单、清晰的反馈。

5.1.4 确认反馈及行动步骤

每个人因为成长环境、思维方式的不同，对于同样的事物会存在理解偏差，所以在沟通闭环的末端，有一个非常关键的动作就是确认反馈。老板以为的 A 和你眼中的 A 是不是具有同样的特征，向上沟通时将自己的理解和对方的理解进行确认后再行动，以免你做出来的结果完全不是对方所要的。如果任务执行以后才发现理解有偏差，就会造成不必要的时间、精力甚至是金钱的浪费。

同级或者向下沟通也是一样，让对方看到明确的行动方向，接下来应该怎么做，确认自己的表达和对方的理解是一样的，再让对方去执行，以确保整个沟通闭环是完整的，行动步骤与沟通信息是匹配的。

职场中，无论是上下级交流、平级交流、跨部门交流还是跟客户交流，沟通不畅是工作难以推进的罪魁祸首。很多时候，让人身心俱疲的不是工作本身，而且沟通不畅造成的各种困扰，要想在职场中脱颖而出，靠的是整合各种资源并完成目标的能力。人是所有资源中最重要的环节，掌握高效的职场沟通技能，就是掌握了职场的核心竞争力。

职麻开门，拥有大量原创博文，单篇文章最高阅读量达390万。职场二宝妈，毕业于国内知名院校商学院，先后就职于3家世界500强金融机构，11年银行工作经验，经历市场营销岗、信贷分析岗、信贷审查岗，擅长信贷分析、资信调查。热爱阅读，写作。业余考证小达人，已经成为注册会计师非执业会员。

作者邮箱：838069055@qq.com

5.2 听不准领导的需求

我自己从事过3份工作，都是世界500强的公司。有外企、国企，有小型、大型，有扁平化的公司，也有垂直化的公司，工作中沟通的要求、沟通的方式，都稍有不同。但是，多年下来，发现一个共同点，沟通在工作中的作用真的太重要了。都说沟通是一门艺术，工作中沟通能力强的人，总是能获得更多的资源，得到更多的赏识。

沟通是解决问题的桥梁。比如公司要合作，需要双方关键人员进行沟通，谈妥后，签署正式的合同。同事之间，相互协作，更需要沟通协调，同样一件事情，有些人5分钟就把事情解决了，有些人不注意方式方法，也许花好几天还搞不定，那到底怎样的沟通，才能提高效率呢？

2021年6月，通过自己不断努力，进入到现在的公司，公司规模是原来的三倍左右。虽然自己初生牛犊不怕虎，但是摆在面前的问题，就是由原来的小屋进入了大屋，业务规模也是比原来大三倍。虽然工作思路上，很多可以沿用原来的方式方法，但是对于很多新事物、新概念、新业务自己都要重新学。

同事领导都是在这里工作了至少6年以上，所以，当他们提到一些工作的业务时，都能很快地理解并快速上手，而我却不明白。一开始，我每天像一个问题宝宝一样到处问。一开始四处碰壁，后面慢慢发现，听准了，才能提高工作效率。那到底怎样才能听准呢？

5.2.1 面对面沟通

相信大家都玩过传话游戏，句子经过10个人的传递之后，经常变得面目全非了。

有一段时间，我加班加点处理一个大集团的项目，但是由于政策原因，项目的进展卡住了，于是就搁置在一边。过了好一阵之后，领导突然说要立刻重启这个案子，要向更上层的大领导汇报，每天都会要突发性的整理一些信息，而且都很急。

有一天，我正在认真地做着手上的事情，突然我的直属上级跟我说："整理下某某集团今年初经营情况的数据，弄好后马上给领导。"我问："具体到什么时间，是去年12月末还是今年第一季度末的？是马上要吗？"她赶着去开会，所以就跟我说："是的。"我心想，集团数据这么复杂，而且到底是12月底的年度数据，还是1季度末的数据，差距很大的，也不知道领导具体要什么指标，还是要亲自去问一下。

于是，我敲了领导的门，问道："领导，刚刚副总跟我说您要某某集团年初的经营数据，是吗？"

领导回复说："不是的，是要某某集团年初跟我们公司合作的数据情况。"搞清楚具体的任务以后，我快速地梳理了工作思路方法，查找路径，于是花了 5 分钟就搞定了。

试想，如果我当初没有去问领导，自己在那整理半天他们的资产负债表、利润表、业绩报告等，至少半个小时过去了，然后还给不到领导想要的数据，给别人留下办事不利的印象。关键，领导还得准时赶去开会，向大领导当面汇报，耽误时间就麻烦大了。由此可见，面对面沟通在具体工作中，还是极为重要的。

5.2.2 直接沟通

随着现在通信手段的发达，也掀起了"宅"经济，大家似乎变得不太愿意口头沟通。比如，很多人逢年过节，能用微信发一段祝福就行了，开口打电话，变得越来越少。好像很多话，通过电话说起来，感觉很别扭。但是，作为一个经常需要沟通的工作者，我发现口头沟通，真的非常重要。

举一个很简单的例子，你在跟领导阐述出错的工作，领导听完之后，就微信回复了：就这样吧。文字是没有语气的。他可以有几种意思，比如，它可以只是单纯的表达，事已至此，也不用多想了，就这样吧。但是，也可以表现出另一种态度，不要再辩解了，就这样吧，我不想听了，说的根本解决不了问题。如果你直接电话或者面对面沟通，就能很好地感受对方的语气和态度，知道他真实想表达的意思。这样，你就不用再去瞎猜领导这样说到底是什么意思？

5.2.3 善于倾听

沟通中常见的问题，是很多人都急于表达，但是真正的沟通高手，都是非常善于倾听的。比如一场大会，很多人听完，也没有记住什么，但是有些人，他们善于倾听，抓住了重点，还能提出经典的问题。

公司有一个领导，每天都很温文尔雅，他的工作就是每天有各种各样的人跟他沟通问题，他的特点是无论这个人说得怎样，都能非常耐心地听完对方讲话。很明显的发现，一群人讨论问题的时候，他是最能够听准的那个人，因为他平时就练就了倾听的本领，沟通中，其实听比说更重要。

听，更多的是要理解对方要表达的关键点，而说，更多的是表达自己的观点，只有在听准的前提下，你说出来的，才能说到对方的心坎里。比如一个员工说，最近工作非常忙，这个业务项目做得很仓促，只是梳理了一下结果。有的人听完就说，这个员工真诚实，自己坦诚事情做的潦草。而这个领导马上说，这一类项目，首先要搞清楚一二三，搞清楚之后，就能更好地做好。其实员工本身就是想表达时间紧，还没有时间去思考处理的思路，所以有点乱。

5.2.4　虚心接受前辈的建议

对于新员工来说，每一个比你早进入企业的员工都是你的前辈，所以要虚心与前辈学习，只有虚心接受，才能得到别人的帮助。很多年轻人心高气傲，最不喜欢别人说教自己，喜欢我行我素。其实，生活中能得到长辈的提点，是一件非常幸运的事，自己可以少走很多弯路。很多人都听说过巴菲特午餐的故事，比如2006年，拼多多创始人黄峥跟随段永平参加了巴菲特的午餐，60万元的午餐，让这个26岁的年轻人说出："这顿饭最大的意义在于让我认识到简单和常识的力量。"

新环境新岗位，我一开始也没有搞清楚各种人物的性格特点，沟通时，也没太注意方式方法，产生了很多矛盾。

有一次，我经手的一个项目有一点争议，对方领导非常想做，而我进行了综合评估和全面测算后，发现这个项目满足不了投资回报率的要求。于是我就说："这个项目是做不了的，第一，他的收入情况，根本就无法覆盖成本支出；第二，公司整体资产规模较小，承受风险能力较弱；第三，项目本身偏远，将来不能创造很好的现金流以及不好出手处置。"

全程对话完全没有考虑对方的身份和地位，结果对方领导听完，就很生气，拉高了嗓门大声道："一个公司一年怎么可能有这么差的经营情况，老板说了，未来会有很多的新的收入来源，同时，项目的位置，就在××城市的高速路口，我现在已经跟业内人交流了，这个项目将来是很好出手的。"我本来还想辩驳一番，但是我看领导都很客气地跟他说话，一直在圆场，然后我就意识到，自己说话的方式有问题，让对方觉得没面子。

后面，我打听了一下对方领导的身份，对方在公司德高望重，即使大老板也得给三分面子，硬来是肯定解决不了问题的。

第二天，我恰好听了樊登讲述的关于沟通的故事《关键对话》，他问道沟通的内容和沟通的氛围哪个更重要，并且举例了电影《中国合伙人》里面，王阳在孟晓骏谈判冲突的时候，突然说先停一下，大家先去吃饭，缓和一下局面，席间讲述了用中国月饼砸外国人的段子，后面顺利地谈成了合作。樊登通过这个故事来讲述一个道理——其实讲话氛围，比讲话内容更重要。

我才意识到自己在上一次的对话中，没有注意沟通的氛围，而片面地强调沟通的内容，才导致当天谈完后，氛围比较紧张。

再后来，那个领导再过来谈业务，我先简单跟他寒暄了几句，然后见机当面跟他道了歉，表示自己当时说话太直接了，做得不太好。这个领导也是性情中人，听完之后，很开心地表示，大家就事说事，也不用放在心上。但是能明显发现，再跟他探讨当时为什么那个案子做不了的时候，他的接受度高了很多，说："实在做不了，就这样吧。"

所以，在非明文规定的事项中，更多的是要发挥人的主观能动性来解决问题，沟通氛围此时真的比沟通内容更加能提高效率。

沟通，无论在工作还是生活中，都扮演着特别重要的角色，记住，听准了，才能提高效率。

茉香花开，24年一线教学实践，多年班主任，直接陪伴观察累计3 000多名学生。擅长个人成长和专业领域的积极主动沟通。教育部基础教育课程优秀学员，多次荣获各类省市区级奖项，发明4项国家专利。

作者邮箱：wzj6792023@163.com

"

5.3　碰到好机会却不会表达

H[①]的工作经历，可以说是一部草根成长的传奇：没有高学历、没有深厚背景、没有雄厚的资金支撑，有的只是反复琢磨、努力精进，把握每一次机会，用自己的口才，一次次展现自己的实力，不断迈向新的赛道，获得人生质的飞跃。

5.3.1　琢磨听众，要先向榜样学习

H在普通大学毕业后，进入家乡一所普通小学，做了一名语文老师。如果不出意外，H将一辈子做一名普通的小学

① H这里代指文章主人公。

语文教师。

机会总是垂青有准备的人。

毕业第三年，H迎来了第一次成长的机会：单位必须派一名教师参加一次大型比赛。H所在单位，没有人愿意接这个烫手山芋，这种任务型的大型比赛，要么拿奖要么不参加。H临危受命，毫不犹豫地答应了，要知道工作三年，如果能脱颖而出，在本地区整个行业内是很有影响力的。

那场比赛，H抽签到上午的第四节，正是评委疲惫、听课教师也开始懈怠的时间。按照常规，参赛者基本上势均力敌，所以谁也没有多特别的期待。但这完全没有影响到H。

那节课，H展示的是六年级课文《詹天佑》，一篇被众多优秀教师讲过的文章。可H依然激情昂扬地和孩子们一起感受詹天佑的爱国情怀，很有见地的和孩子们深度解读文章，孩子们不由自主用自己最饱含深情的声音朗读着、诉说着对詹天佑的敬仰。

奇迹发生了，有些懒散的坐姿悄悄调整了，交头接耳停止了，连疲惫的评委表情都郑重了起来，后边有人开始站了起来，一排、两排……除了前几排，几乎所有的听众都站了起来，后门不断有人涌入，是那些借口去卫生间的人，人们脸上的表情是那么生动、那么激动，不由自主地和着孩子们的朗读，如醉如痴。

不出意外，H凭自己的口才，捧回了金杯，也解决了单位无人参加比赛的窘境。

H是怎么做到这些的呢？

H的努力，源自对前辈楷模的敬仰。H是听着老乡的励志故事长大的：上山下乡的老三届，回乡当赤脚医生，工作之余坚持自学十年，成为恢复高考之后第一届大学生，又花费大量精力拜师深耕脑科学，现在是全国治疗小儿脑瘫的权威。

既然做了教师，就要先把本职工作做好。教师的职业，要用自己的语言向孩子们传授知识，那么如何能快速地备好课、上好课，锻炼自己的口才，这些成为H的目标。H很清楚，要想快速进步，必须向最优秀的人学习。

H很快找到行业内的特级教师窦桂梅。选择窦桂梅老师，是因为H特别喜欢窦桂梅老师的课，既热烈，又有感染力，更重要的还有深度。另外，H的性格也和窦桂梅老师契合：虽然H外表看上去不温不火、儒雅稳重，可正所谓：静如处子，动如脱兔。

H在最短的时间内读完了窦桂梅老师的所有书籍，浏览了她所有公开的视频；接着，圈定自己最先要模仿的课程，一遍又一遍地观看视频：站姿、语速、表情、手势、眼神，一项一项认真对照总结，再一遍一遍模仿，为了更好地看到差距，不仅自己对着镜子练，还录下自己练习的视频与老师的做对照。可是教学不能只扎花架子，于是H自己认认真真地写逐字稿，反复和窦桂梅老师的案例对比，找差距，做修改，有时候对自己讲课的稿子苛刻到几易其稿。这一写就坚持了三年，功夫不负有心人，终于在这次比赛中凯旋。

H虽然还是一名教师，可是琢磨口才，不仅给H带来了知名度，更带来了成长的乐趣。

5.3.2 琢磨捧哏，要做"有心人"

有了知名度，H顺理成章参加了行业内的年会。

千人会场，很隆重，也很热闹，业内人士自然而随意地交流着。如果按这个节奏下来，估计就没有H什么事了，毕竟再有名气，在这样行业内牛人云集的场合，H充其量只算行业内的新秀罢了。

连行业领导都没想到，地区的大咖，竟然也来了。

当大咖到的时候，大屏幕上正显示：请按提示背诵《沁园春·雪》中的词句。好巧不巧的，不知道哪个不识趣的声音喊了一声：来一个。

大咖在场，其他领导自然不好接，可显然大咖一时想不到那几句词，脸上显出一丝尴尬。

说起来好像时间很长，可也就仅仅两三秒钟。H迅速反应过来，快速站起来走向场中，边走边面向大家说："怎么能只背诵呢？这样的词句，唱出来多好呀！"大咖也频频点头。于是，大屏幕迅速调换了北国风光，千里冰封的画面和配乐，还显示有词句。

大咖欣然高歌一曲，临走还专门和H做了短暂愉快地交流。让大咖意外的是，不管提到教学的哪个方面，H都能如数家珍，并且很有见地。最终，大咖难掩爱才之心，对H的进一步发展给出了可行性建议。

H为什么敢在这样的场合提出这样的要求？

说来你不信，H不仅熟知自己任教的学科，对整个教育前沿也很是了解，很有自己的看法，还经常观看一些大型的辩论，参加演讲辩论类的学习培训，琢磨一些大型场合突发情况的处理。所以，才会在这特殊情况下，迅速想到解决问题的办法。

不打无准备之杖，不做无用之功，这次不仅让H的知名度提高了，还得到了高水平的指导，有了更加明确的努力目标。

5.3.3　琢磨视野，机会留给有准备的人

如果你以为H就此止步，那就太小看人了。

因为大咖的指导，H重新确定了自己的努力目标：不仅琢磨听众、捧哏，锻炼自己的讲课能力，更要深耕思想，琢磨申论，提高自己分析问题、解决问题的能力。

"有志者，事竟成。"H得到大咖的指导之后，不仅开阔了视野，更看到了自己的不足。H深深地知道，人的水平，也如"逆水行舟，不进则退"，因此，从不敢轻易放松自己、放弃学习。于是迅速调整了自己的方向，开始琢磨起申论来。

再一次验证了：机会总是垂青有准备的人。

H认真学习申论半年之后，恰逢某集团公开考试选拔领导干部。

H通过领导干部公开选拔考试，在众多选手中，表现出类拔萃，以远远高于第二名的成绩通过选拔。系统内，所到之处，皆是

笑脸。

"你就是H吧,那次考试第一!"新的同行满脸佩服地赶上来。

"那是我原单位的同事,考了第一!"曾经的同事与有荣焉。

"我曾和H一块儿办过事。"同行兴奋地说。

可这些,是幸运吗?是的,H是幸运的,确定学习方向学习申论,仅仅半年,赶上某集团第一次举行公开招聘领导干部。

这一次考试,是从全国各重点大学聘请专家团队,无论出题,还是面试,完全保密,都是专家团队头天晚上集中命题,第二天考试。

这时候,H已经彻底搞清楚了申论的本质,就是:是什么、为什么、怎么办的问题,也就是结合实际,分析问题,解决问题。当笔试第一的成绩公布以后,H很轻松地等待着面试。因为,教师工作的积累和申论的功底,对H来说,这面试简直就是量身打造。

面试这一天,考场屏蔽,参加面试的考生全部去除电子设备,早上七点进场,一直持续到晚上九点多,面试全部结束后就公布成绩。H不出意外的仍然是第一。

面试中间有个小插曲,H面试抽签是第二,等到H面试结束后,面试暂停,中断了一个多小时。来自全国重点高校的评委齐聚一室,商议论证,讨论多轮后,谨慎地得出结论:如果只有一个最高分,H就是当之无愧的最高分,这是一场近乎完美的面试!这是多么高的评价呀!

是的,H又一次,用自己完美的口才,在面试中征服数位评委。归根结底,还是因为自己苦练基本功,认真琢磨申论,有了文化底蕴的加持,才在面试中成为传奇。更加重要的是,把申论学习中的方法用到工作中,解决问题更加如鱼得水。

5.3.4　琢磨人性,认识问题的本质

"每个人的悲欢都不尽相同"。工作中,H真真切切地体会到了

这几个字的意思。H曾讲过一件纠纷，说起来令人啼笑皆非，却纠缠拉扯了几年，无论当事人，还是处理事情的人，前后涉及十多人，都几尽崩溃，甚至不愿面对。

一个偶然的机会，H到下属单位调研，正好遇到主处理人在处理这件事，主处理人一脸无奈，其他人员纷纷避开，当事人一脸愤愤。说实话，这样的情况，任何人一看，就知道不好解决。

事情的起因很简单：几年前，当事人晒衣服的时候，楼上邻居浇花，把当事人的衣服淋湿了。

就这样的小事，因为当初两家都有不同的境遇，一家无业，一家有病人，心情都不好，交流起来自然都是充满了火药味，一个要赔偿，一个寸步不让，双方谈不拢，于是争端不断升级，随之，矛盾也开始转战到上级，几年时间几乎每周都要"报到"，请求主持公道，可是，无论哪种方案，双方又都不接受。

H到了新单位，就开始了新的学习方向。如果申论是分析问题、解决问题，那么在具体的工作中，就应该考虑人性的问题。于是，H开始读《道德经》，琢磨人性的问题。很多时候，问题得不到解决，还是因为沟通出了问题，当双方出现理解偏差，或者处理问题的人和求助者，不能出现共情的时候，是不能达到交流目的的，问题自然就得不到解决。

H和当事人做了沟通，和她一起感慨生活的不易，这几年的心酸，和她交流这几年国家的便民措施，更是感慨这么好的机会，只要抓住就能越过越好……很神奇的，当事人在整整几个小时的沟通中，从一开始的愤愤不平，到痛哭流涕，接着充满希望，最后竟平静地接受了调解。至此，一场持续几年的拉锯战终于结束了。

是H用了多高明的方法吗？没有，用H的话说，当事人只不过是心中的委屈无处诉说罢了，生活的艰难不易、邻里的纠纷，最终都要有一个发泄的渠道，并让她看到生活的希望，感受到生活中还有人愿意听她说话……

H的口才，解决了这场持续几年的争端，至今，很多人见到H，提起这事还是唏嘘不断，对H佩服得五体投地。这样类似的难题还有很多，H毫无保留地讲给同行，不仅是自己工作高效，还提升了系统内工作的效率。H在琢磨中，享受着工作成长的乐趣。

H的成长之路，是一个普通人的奋斗历程。总的来说，就是不停地琢磨口才，在关键时刻，抓住机会。而琢磨的过程，就是不断学习蜕变的过程，在这个过程中，H不仅解决了工作中的问题，人生之路也一路走高，真正实现了工作从入门到高效，成了人生赢家。

静姐聊童书，资深亲子阅读专家，博赞思维导图管理师，基础教育科研"十三五"规划重点课题主持人，《孩子爱听绘本的话》书籍作者。23年亲子教育实践经验，培训讲师300余人、领读者千余人、推动上万家庭开始亲子阅读。专注于打造定制家庭亲子图书馆、家园家校共读共育、文化教育亲子阅读空间、母婴行业等整体阅读解决方案。

作者邮箱：19773848@qq.com

5.4　寻找不到职场伯乐

人人都想在职场上干出成绩来，都想在事业上获得成功，都想做一个有能力帮助更多人的伯乐，当然我也不例外。不论是刚刚进入一个新领域的"新人"，还是接收到一个新任务的"老兵"，我们不断地面对着一个又一个"挑战"，而能否干得漂亮，能否成为这个领域或事件的"榜样和标杆"，能否快速脱颖而出，取决于我们对人、对事的态度和方式。如果让我提炼两个重要的关键词，那就要借用一部电影名《速度与激情》。

在网上看到这样一个问题："为什么老员工干不过新员工？"通常人们把这一现象称为"倒勾"。我看到了两个特别高赞的回答，一个是"真正优秀的老员工都升职了"；另一个是"错把工龄当资本、错把熟练当能力"。这两句话不仅仅是给老员工的"警示灯",同时也是给职场新人的"方向标"。只有工龄不行,还要保持激情;只有熟练不行,还要持续创新;只想打工不行,必须努力向上。不想当将军的士兵,不是好士兵;不想升职加薪的员工,不是好员工!一直心想,就能事成!

我在亲子阅读和家庭教育领域已经深耕了23年,"江湖"人称静姐。不论是新入职场时,还是每一次登上人生的新台阶,我都时刻牢记两点:不忘初心,永保激情;积极高效,超额完成任务。现在回看我刚刚进入教育行业的菜鸟时期,发现自己有意无意中,一直在践行这两点,并且每一步走得都挺快。

5.4.1　机会不是用来幻想,而是用来追求的

记得刚参加工作不久,就遇到了我职业生涯中的第一个"六一儿童节",我们提前一个月开了动员大会,主要内容是为六一做准备,派老师去北京学习,大家都特别想去,摩拳擦掌等待报名,可是在知道回来后至少要排8个以上节目,并且做好整场活动的总控时,大家都不出声了,只有我和另外一位同事(当时她已是市级教学能手,就是那种已经升职的优秀老员工)举手报名。后来我们一起去了北京,一起回来排晚会,总共22个节目,我俩一人一半,分工控场,圆满完成了我人生中第一次"六一晚会导演"的工作。

直到现在我都特别感恩那次北京之行,结识了这个领域里的专家学者和一群来自五湖四海,对学习和成长有着极致热爱的人。也特别感恩那次短时间内完成的"高压"排演,让我从此不论面对任何场合、任何大大小小的活动都毫不怯场,并且能够做到游刃有余。我更要感谢的还是当时的自己,能够不在意职场新人的身份,勇敢积极、快速坚定地把握住那个机会,没有让它悄悄溜走。机会不是用来幻想,而是用来追求的。人生没有白走的路,每走一步都算数!

和那位"老"老师的合作,非常高效、成功,也非常愉快。这让我看到了与有经验的人一起学习、一起共事的好处。从此我不断靠近

高手，发现了更多高手。我发现"厉害"的人，都是一群立志要活到老学到老的人，他们身上既有共性，又各有特点。

大家的共同特点就是：主动学习、主动解决问题，不做"提线木偶"，学习和行动上都是如此。每个领域不管是新人还是"老"人，都要进行持续的学习，普通人的学习通常是按部就班的，而高手的学习一直都是超前的，从不依赖那种被动式的惯性学习。不做惯性学习者，要做主动学习者。这两种学习者的不同表现就是，惯性学习者只是按照每天发布的任务，学完就可以了。而主动学习者学完之后会马上输出、执行、复盘，再马上进入下一个模块的学习任务，不会等，只会按自己的节奏快速前进。

比如我身边有一位朋友，她的职业生涯一直顺风顺水，可有时候身为女人都会遇到一样的天花板，那就是生孩子。她一直工作到孩子出生，非常努力，直到产假结束后，她考虑返回职场时，突然发现公司已经没有合适她的位置了。短暂失落后，她的精英属性很快让她找到方向，她一边工作、一边带孩子、一边学习、一边在平台上写作和答疑，经过努力精耕细作，她现在已经成为平台博主，并且出版了一本育儿类书籍，成了畅销书作者。她说："要有梦想和目标，要向有结果的人学习，要把握机会，要快！"我深以为然。

5.4.2 物以类聚，人以群分

我经常会问自己，我把它称为是"灵魂三问"。第一问："你有梦想吗？"这个问题在不同的阶段我会反复问自己，这能让我不忘初心、保持大方向不变。有了大梦想，就可以有小目标，小步前进，能集大成。

第二问："你成长了吗？"每月、每周、每天，我都会问自己，这让我永远在学习上保持空杯心态，向高手学、向书学、向经验学，不论哪行哪业，都要本着一个原则：名可让、利可让、唯有成长当仁不让！

第三问："你断舍离了吗？"不仅是指物品，还有人和事，要告诉自己，时间很贵、你更贵！远离只把心思放在"内耗"上的人，远离没有共赢思维的人，远离说了不算的人，远离舍不得花钱学习的人。不用在不重要的人和事上浪费时间，遇见了果断离开，把有限的精力投入到值得的人和事上。做好自己，让自己保持不断向上生长。

有人说："人多的地方事儿就多"，我也曾经遇到过，有的人担心别人超过自己，有的人只想利用你一下，有的人表面一套背后一套，还有的人是墙头草，哪里有钱往哪靠，更有甚者就是见不得别人好。

俗话说得好："物以类聚，人以群分！"这些人这些事，都会遇到，也都要面对，也要感谢，因为经历过后也是成长，它会让你的"经验银行"存入一笔"经历巨款"，都将成为你成长路上的"建筑基石"。当然，我们也不能没有反应和行动，我的做法是，快速断舍离，以后保持友好的距离就可以。遇到这类人或事时，快速安抚好自己的情绪，用全新的状态投入到新的工作和生活中去。

有一次，我和朋友聊天谈起这个话题的时候，她说："在工作上，找合作伙伴的难度和找对象差不多，有的人幸运，一下子就找到了可以同频共振的事业伙伴，而有的人却要经历好多次从希望到失望。可是不管怎样，遇对了的那一刻，才够惊喜，才更珍惜！"所以，我们抱着期待、满怀善意地去寻找，不合拍也没关系，受到伤害也没关系，你只需问心无愧，你只要看向更积极的人，你只管向着阳光生长！很多人走着走着就会散了，但时间会给你最好的答案。

5.4.3 心想事成这个词肯定是真的

2020年1月，一场突如其来的疫情，打乱了我们的工作节奏，各行各业的人都遇到了前所未有的挑战，一些人坚持继续深耕，一些人选择离开。可是离开的又要重新开始，也是一条拓荒之路，之前的经验几乎归零。所以，像我一样选择继续从事阅读推广这个老本行的人，并不是只有一腔热血和情怀的。

我认真分析过梦想的可实现度，转行是最不可行的，很多人不知道自己要什么，所以就会觉得这个不行去试试看另一个，可毕竟谁也不知道转过去你会不会成功、适不适合、喜不喜欢。其实绝大多数成功人士都是坚持出来的，极少见到有人不断更换赛道取得成功的。

其实在一个领域里，不断从开始到精进，对待每一件事都是从完成到完善，这样的状态一定会成功。其实总结来说就是坚定梦想、保有激情、阶段目标、靠近高手、抓住机遇、持续成长、远离是非、重温梦想！这三十二个字形成了一个闭环，并且在职场中、在生活中通用。

工作生活都不可能一帆风顺，当我们处于低谷期的时候就去寻找高势能的人学习，同时重温自己的梦想，不忘初心，在任何时候，在不同的人生阶段，你都要反复地问自己"你最想要的是什么"，带着答案再去安排你的下一步行动。

那段时间，我遇到了前所未有的困难，我的心里装着好多事，也背负着很大的压力，越是困难时刻，我越要不断重复问自己"我到底想要什么"，得到的答案依然是，我想做亲子阅读推广，我想让更多家庭爱上亲子阅读，我想把这件挚爱的事一直做到老！再次坚定了目标，大方向不变，给自己打点"鸡血"，马上就干。线下停了可以先布局线上，从小白做起，开始线上。

有时候我就想："心想事成这个词肯定是真的"，当我使劲儿想着去寻找高手的时候，果然就遇到了高手，也是我的伯乐写书哥，原本我想做线上，于是参加写书哥的微博训练营，可没想到一发不可收拾，一直跟着写书哥学了一年，随着对我的了解和熟悉，他开始鼓励我写书，和多位作者朋友合著或是自己写。

经过多次的反复删减和修改，终于和出版社签约，"万里长征"总算迈出了第一步。接下来依然任重而道远，但我相信，用好我23年来总结的成功经验，不断完成坚定梦想、保有激情、阶段目标、靠近高手、抓住机遇、持续成长、远离是非、重温梦想这个闭环，就好比是为事业、为人生画上一个个圆满的小圈。如果把事业以十年分为一个阶段的话，不论哪个阶段，它都可能助你走得更高、更稳。我现在处于事业上的第三阶段，我想在这条事业的波浪线上，接着"画圆"。

借用大师王国维的一段话："古今之成大事业、大学问者，罔不经过三种之境界：'昨夜西风凋碧树。独上高楼，望尽天涯路。'此第一境也。'衣带渐宽终不悔，为伊消得人憔悴。'此第二境界也。'众里寻他千百度，蓦然回首，那人却在，灯火阑珊处。'此第三境界也。此等语皆非大词人不能道。"

从新手到骨干，这不只是职场新人的目标，也是每个阶段的目标。与你共勉！

第6章
自我完善

　　我们想要成为一名优秀的职场人，还要时刻记得提升自己、自我完善，不要做随时可被替代的万能人，也不要局限在固定岗位上。了解自己的擅长方向，做出合适的转岗。面对大型项目时也不要感到手足无措，这都是我们必须要经历的过程，积极的自我完善，往往能让我们更享受自己的职场生活，本章就来了解如何进行自我完善。

小P老师，16年金融行业经验，在银行工作10年后，为更好地自我实现开始创业。累积为千余位客户管理资产及全球配置规划，多家金融机构特邀讲师。现致力于为保险、基金从业人员自媒体打造IP提供帮助。

作者邮箱：13910951930@139.com

6.1 成了随时可被替代的万能人

"小李，今儿小王请假，你帮她把数报一报啊"，"小李，张姐今天开始休假，她的复核工作你接一阵儿，你还记得怎么弄吧？"，"小李，综合室现在人手忙不过来了，领导说你PPT做得不错，要借调你过去，但你的项目还得继续跟啊，你看有问题吗？"

6.1.1 "万能人"与"万能病"

怎么样，这些话你熟悉吗？如果你也跟我一样曾经是"万能小李"，那么恭喜你读到了这篇文章。是不是以为我要说你很能干？单位很缺少你这样的人才？你要升职了？并不是，我是想告诉你，你找到了治"万能病"的解药。

的确，曾经的我也是这样，刚刚走入职场的时候，总是冲在各个岗位学习机会的前边，没机会制造机会也要跟大小前辈们多学习业务，生怕自己落后一点就会被淘汰，虽然我是在一家算是体制内的银行机构工作，在十几年前，基本不存在淘汰的可能性。但总是怕自己表现的不够好，错失了什么机会，因为这样的工作，在同学和家人眼里已经是非常幸运的了，可不能因为自己不够积极毁了他们眼中的优秀形象。

除此之外，刚开始脱离了考试的评判标准后，一时间找不到自我肯定的方向，前辈、领导的一句"小李真聪明啊""小李学东西真快"，听起来似乎比"小李真努力"更顺耳。于是更加活跃在各个岗位的学习上，一心认为"别人的活儿我都能干"，自己很牛。

可慢慢地，我发现不是这么回事，领导们好像把我当作了救火队员，于是就有了开头的场景，别人请假我顶替、岗位缺人我兼岗，但是稍微重要些的、有些深度的工作好像都不会找我，每个岗位的事情我好像都能做一些，但是好像又都不会一样。就这样，我就真的成了部门的"万能小李"，这一当就是四五年。

眼看着当时一起来的，小陈、小赵都变成了陈经理、赵组长，而我却还是那个"小李"，依旧还是"万能小李"，渐渐的，当年引以为傲的"万能"二字，现在听起来怎么那么刺耳。不但如此，最让我郁闷的是，因为我的过分"万能"，我非常喜欢的一个部门想要我，但我的主管却说"小李不能走啊，她一人顶好几个人用呢"，我不知道他这是真的认可我，还是把我当成了只会傻耕地的老黄牛。

也许看到这里你会觉得，看"你在这儿挺重要的啊"，"会的多机会多啊"，"领导同事都需要你，多好"。的确，当时的我也被这种表象迷惑了，觉得自己被所有人需要，不升职就不升职吧，但大家都离不开我，加油，继续努力。

不过好景不长，银行体制内改革，有的部门二合一，有的部门直接业务划归其他部门。我一直"耕地"的部门保留一半业务，另一半业务归到一个需要三班倒的部门。简单说就是把一天24小时分成三份，由三个班次轮流持续工作，也就是说你需要上夜班，这可是当时我们行里最不受大家欢迎的部门。

但我没有担心，我这么厉害，大家这么需要我，而且我本来也不属于那一半业务的岗位，不可能让我去其他部门，我可能是那段人人焦虑日子里过得最轻松的一个了。是的，大家猜得没错，结局肯定不是我想的那样，我偏偏成了唯一一个不属于划拨走的业务岗位的员工，却被抛弃到那个大家都不愿去的部门的人，理由依旧是，这个岗位的业务扩充，需要更多的熟练人员，但恰巧万能的我什么都会。

6.1.2　要成为不可替代

这真的是我职场生涯的一个打击，消沉了半个多月，并不是因为我抗拒上夜班，而是我觉得丢脸，家人眼中曾经优秀的孩子、自己心中的全能牛人，怎么能得到这样的对待呢？我的天都灰了，甚至我都想过辞职。

但一位老领导的一句话让我觉醒"你要成为那个不可替代"，是啊，一直以来我热衷于做那个救火队员，其实一直都是跑龙套的，虽然可以临时顶替很多人，却永远不可能替代任何主要角色。我就是那个临时演员，可悲的还是一个沉浸在自己拙劣演技里没想过要当主角的临时演员，不替换我替换谁？你能临时顶替别人，也一定能被别人顶替。

于是，我放下所有负面情绪，开始去接受新的部门，果然当你积极地面对、充满正面的能量时，其实事情往往都会更加偏心你一点，我的新岗位是这个部门为数不多不需要倒班的岗位。我突然意识到，这就是给我一次觉醒的机会，我不能再当那个人人脸熟，但无人知晓姓名的配角，我一定要把现在的工作做精做好，我这次要当主角，不可被人替代那种。

从此以后，我依旧还保有过往的工作热情，别人有需要帮助的我仍旧会去帮，但所有的精力都专注在当下的工作内容。比如，表面上看是时常发生的正常交易警报，但仔细观察几个案例之间的地区、时间、金额以及交易类目后，我发现可能这是一次有组织的、非正常交易活动，及时上报了风险，为银行及时止损。

再比如单纯的风险数据统计，在几次统计后，数据变动的规律是可以体现一些非法的行业特性，他们可能更喜欢在某一时间点做卡片的盗刷，可能他们的数据统计认为这个时间点的银行监控人员更疲惫，在我发现这一问题后，及时提出排班建议和系统设置建议，正因为这些需要专注深入后才能发现的工作中的小问题、小建议，我不到半年时间被安排到去做项目组的工作，银行里不称为项目经理，但现在想想我当时的工作内容就是项目经理，当然这也得益于我以前四处救火的工作经验，对很多岗位都有所了解，所以更能胜任这个需要跟多部门对接、了解多岗位内容的工作。

但是，最重要的是，如果我没有现在这种专注的工作态度，我是不可能发现这些隐藏的问题，同时被领导重视和认可的，这样也就根本无法发挥过往的经验了。

自从选择专注后，我在银行的工作可以说是顺风顺水，一年后被升职，和领导关系融洽，从之前沟通时的唯唯诺诺，也变成了可以提出很多别人想不到的合理化建议。最大的惊喜是，我5年连升了2档1级，自然薪水也涨了不少。

其实这些还都不是最重要的收获，我收获了工作的秩序感，这个是以前在做那些浮在表面的工作时，完全不能想象的，因为专注了，所以知道了每个工作的底层逻辑，也知道如何张弛有度地安排工作内容，如何高效专精地提升工作效率，如何为别人指导时画龙点睛。这些都是在我选择专注深入后收获的，收获最大的还是一颗真正有料的强大的自信心。这为我日后所有的事业发展奠定了坚实的基础。

6.1.3　干一行爱一行

我是非常不鼓励频繁跳槽的，算下来我在银行工作期间，其实只是在两个部门工作过，真正定岗也只是做过四个岗位，从十年的工作时长来讲，并不算频繁更换，即便在我前五年的万能时段，我也是有自己专注的业务，只是因为精力被其他工作过多分散，导致没有做到专精。

很多人会说，我大学学习的专业不是自己喜欢的，毕业应聘的工作不是自己喜欢的，其实我们都知道，除了特别专业的岗位，大部分人学习和工作的内容并不是对应的，同时很多人的工作性质也不是自己喜欢的。比如我，曾经并不喜欢在后台部门工作，认为自己更适合去做企划或者市场的工作，在坚持做了十年的后台工作，后来有机会转行到前台深入工作后，发现其实后台工作更适合我，只是我当时没有深耕到位，导致我以为自己不喜欢、不适合。

老话讲，干一行爱一行，是有他的道理的，这里用"爱"这个字就很妙，为什么不用接受、不用喜欢，而用爱？其实就是教你要沉下心来深入钻研工作。要相信每一次机遇都有其道理，当一份工作眷顾了你，你也接受了它，你们就是达成了某种契约，在没有为彼此服务好的时候，不要轻言放弃，否则你将得不偿失。

而当你真的认真付出全力努力后，世界会给你一个不可思议的回报，这个回报是会在你以后人生的关键时刻，起到决定性作用。比如我在实习时认真深入学习的第一个工作内容"档案管理"，就为我日后在自己公司里的客户管理奠定了轻松上手的基础，也能轻松指导员工做相应调整，并因此找到一份"丢失的档案"而挽救了一笔营收六位数的生意。

说到这里，你可以看到，虽然我现在也是管理上亿客户资金的投资顾问，也是自己小企业的老板，是很多人的咨询顾问、导师，但我仍旧因为曾经不起眼的档案管理工作受益。当然我不是什么牛人，可很多真正厉害的人都是干一行爱一行、深挖一行的。

如果你学过时间管理、效率管理一定知道以早起践行者的张萌，她的第一份工作是"装信封"，但她能够专注地研究这份普通的操作性工作，快速深入地做好，做的出彩，这就是牛人与我们的差距，即便是一份如此普通的工作也能让别人记住，从而改变人生，这就是专注的力量。

最后，其实也不是说万能就一定都是不好，工作了十年左右的时间后，我迎来了职业生涯最大的转折，主动辞职出来创业了，也恰巧是因为曾经我多岗位的工作经验，让我们的初创公司能够在没有过多资金去雇佣更多人员的时候，我可以暂时兼顾到。但你一定要明白，专注能使你价值飞跃，而万能只能帮你锦上添花。

无论是少年还是中年，学会专注、学会断舍离，你的人生才会绽放应有的光彩。

月亮外婆，曾就职上海、香港两地上市的三万人大型央企。用13年的时间，完成职业生涯跃迁，从生产一线工人成长为总经理办公室秘书，公司党委办公室秘书，是自1958年建厂以来唯一一位女性文秘。期间还曾当过编辑，做过记者。持续写日记11年，目前是日记星球合伙人，读书星球年度战略顾问。

作者邮箱：419599981@qq.com

"

6.2 在固定岗位无法出圈

如果你是一只鸟，不必和豹子去比谁跑得更快，也不必和鱼去比谁游得更好，看似简单的道理，作为局内人，放在自己身上你却未必能懂，或者懂了也未必能做到。

我真正能吃透这个道理，已是不惑之年。

6.2.1 用优势创造一个纪录

做一个发现者，一定要了解自己的优势，越是低谷越能帮助到自己。这个优势有两个特点：一是自己愿意干，不觉得累；二是能满足他人需求，体现自己价值。

1987年，我还是一个"天之骄子"，是汉语言文学专业毕业的大学生。记得毕业答辩之后，老师和我一起走出论文答辩的门，问我对留校是不是感兴趣。对前途一脸茫然的我，心中一阵窃喜，还以为可以顺利留校。

世事无常，我被分配到了一个大型的冶炼企业，在生产一线倒班了整整10年。尽管我有学历，但也不得不与料浆、矿槽、地沟打交道。

那时我才二十出头，心气傲、不服输，落差让我难以接受，心里总爱跟人较劲攀比。凭什么是我？这个"凭什么"总是如鲠在喉，吐不出来，又咽不下去。

人在低谷时，如果没学会给自己添劲，那一定会给自己添堵。20世纪80年代，在传统的冶炼企业，男性更占优势，这样一比我觉得自己是"三无"人员，没技术、没力气、没人际，更觉得无力改变了。时间长了开始心安理得的为自己找借口，来掩饰一下内心的怯懦。

老企业的很多工作需要用手动操作，有时需要身扛肩背，我的右小腿就是在倒班时，踩到半米深的地沟里，被滚烫含碱的热水烧伤，至今还留着碗口大的疤，那是青春给我留下的记忆。

文科出身的我把诗和远方埋藏在心底，把内心的挣扎和痛苦倾诉在纸上，我写下了一首诗"我可以生活得平淡，但我不能失去生命的波澜。"这首诗获得了1996年企业报一等奖。

我发现自己在写作上有优势，这就像被闪电撕开了一条缝，让我看到了一丝希望。

那时我并不知道文字对自己有什么样的意义，并不知道模模糊糊的未来是什么，但我知道我想要的未来一定不是将倒班进行到底。于是我主动向车间领导找事做，完成了许多人不想做、不愿做，或者也做不了的文字工作。

那时我说得最多的话就是：我行、我可以、交给我吧。不管自己做没做过，能不能干，先答应下来，干了再说，我觉得这至少是个机会！

当我把每一个字都当成改变人生的"稻草"时，我发现在企业里能写东西的人，有特殊的优势：

因为不是谁都会写东西，文笔好的岗位不是谁想做就能做的；我们企业有三万多人，想突出，让人看得见，必须各方面都要好，领导布置的工作能够承担下来，要各种体裁都能写，要会表达，主持、演讲、辩论赛也能上，这也练就了组织能力。

每个人的经历中，都会有特别关键的一个点，这个点可能是一件事，也可能是某一个人，我的关键点就是写了那篇诗歌。

做一个创造者，用优势创造一个属于你的纪录，无人能替代，努力做到唯一。一是抓住关键时刻，接受挑战，不要回避；二是把专业做精，让长板更长。

6.2.2　毛遂自荐，更快地触摸机会

1999年我从生产一线工人岗位，调到了管理者的岗位，这一年，我比我的同班同学，在事业的起步上晚了整整十年。掰开手指算一算，人生没有几个十年，离开一线岗位和师傅们告别时，我泪如雨下，感慨万千。

静下心来，我反思了一个问题，为什么我要在生产一线上干十年呢？为什么不早早去展示自己，让更多的人看到自己呢？很多时候是自己给自己设限。

自以为工作在大企业就好，殊不知大企业也正是人才济济的地方，岗位少，可供挑选的人却很多。

即使看透了现实，但对自己想要什么都不清楚，对未来还是没有规划。缺少目标的人只能像浮萍一样，走一步算一步，走哪儿算哪儿。

以为是被动等待，其实是老老实实的傻等，等待有空缺的岗位，等待别人帮忙伸手相助，如果别人没有帮助，内心会涌出愤愤不平，却没有想自己是否值得被人拉上一把。

自以为腼腆，脸皮薄，其实是内心不强大，因为怕别人戳痛点，不愿和人交往，不敢走出去，不想结识新的朋友，让自己的朋友圈越来越小，信息越来越闭塞。

虽然我从工人岗位回到了干部岗位，但没有一丝的轻松，我只是用了十年的时间重新回到了起跑线上。

我暗下决心，一定要三年一个改变，把倒班的十年时间追回来。我的心底总有一个声音在呼唤"我可以生活得平淡，但我不能失去生命的波澜。"

在我的职业生涯中，曾经两次毛遂自荐，让我更快地触摸到机会。在毛遂自荐的过程中，我也知道了，他人相助是有条件的，有能力，人品好，伯乐才可能伸手，因为他觉得值得拉你一把。

在有困难急需人解决的时候，往往也是机会降临的时候。当时企业创建省级文明单位，缺少一个执笔创作专题片文案的人，要求三天内拿出一篇上万字的稿件，吓退了好几个人，因为在我们企业从来没有人写过这样的文章，而且还要的如此急迫。

那天我找到办公室主任，当时他正在开会，我一直等到天色渐黑，为的就是跟他说："交给我，我可以。"最后按照时间要求，我完成了任务，我们单位也顺利地通过了省级文明单位评审。毛遂自荐，有时就在弯道超车。

从生产一线的工人，到宣传部的宣传干事，到企业文化部的干事，再到公司党委办公室秘书，最后成长为公司总经理秘书，期间我也当过记者，做过编辑，真的是三年一个台阶，一步步完成了职业身份的蜕变。

每个人都要敢向宇宙下订单。如果我没有"三年一个改变，把倒班十年时间追回来"的想法，没有坚定的目标，我也不可能成为党委办公室秘书、公司总经理秘书，这样双料秘书的角色在我们企业也是绝无仅有的。

6.2.3　敢于走出舒适圈

人生是一场又一场比赛，只要不退赛，就有机会。2020年夏天，在一个群里听到分享写日记的感受，我有了怦然心动的感觉。

回想离开工作岗位后，我上过社区的老年大学，看着眼前白发苍苍的老人，我在内心不止一次地问过自己："这是我想要的未来吗？"每到此时，又有一个声音在我心底升腾起来，"我可以生活得平淡，但我不能失去生命的波澜"。

我觉得我的未来应该有无限可能，就这样我毫不犹豫地跨过399会员，有幸成了日记星球的合伙人。又一次与文字结缘，让我格外珍惜。从笔下世界，转到了网络世界。

我用写日记的方式，把天赋教育、儿童情商教育，融合到隔代养育当中。现在的我再一次找到了人生的使命，影响十万个家庭做好隔代养育工作，为更多家庭幸福而努力。

2021年2月，我成为一名日记星球的见习创业导师，再一次完成了职业身份的蜕变。我已经写了470多篇日记，吸引了91个星宝宝，5个合伙人。

现在的我对"平淡"这两个字有了新的认知。平淡的日子，是默默地承受，也是沉淀萃取的最好时光，只要内心有对生命波澜的渴望，哪怕时光会老，但激情仍在，人的心态将永远年轻。

如果你是一只鸟，总有一天会展翅飞翔，不必羡慕豹子和鱼，因为你的心里已经拥有了整片天空。

Alina霖子，多平台创作者。新西兰奥克兰商学院MBA，英国纽卡斯尔大学人力资源管理学硕士。曾任世界500强银行客户经理，目前在新西兰从事市场策划及品牌管理。国际教练联合会ICF认证PCC人生教练，自由人生教练平台创始人。帮助上千人打造个人品牌，掌控自由人生。

作者邮箱：alinalifecoach@163.com

6.3　发现不了内部转岗的机会

2013年从英国人力资源管理学硕士毕业以后，我考进了世界500强银行，从柜员做起。那时候，国有银行是"香饽饽"，千军万马挤破头想要进银行工作，俗称砸也砸不烂的"铁饭碗"。

可是，当我每天坐在防弹玻璃后面的工位上，重复性地敲着银行系统的代码，存钱、取钱、转账、挂失……转眼一年多过去，我发现自己所学的专业知识一样都没能用在工作上。

我突然意识到，在银行当柜员一年多，如果我现在再出去找和专业相关的工作，不仅没有了应届生如一张白纸般的优势，还忘记了大学所学的专业知识，没有积累到有竞争力的职场经验。

看着我之前的同学们都在其他公司做着专业对口或自己喜欢的工作，我感到越来越焦虑和迷茫，感觉生活一眼就望到了头，没有任何乐趣。有一次下班后，我开车到了住所楼下的停车场，一个人在车里崩溃大哭。哭完以后我突然意识到，我的情绪已经严重影响了生活，甚至有些抑郁的倾向，我必须改变自己的现状。

可是，如果跳槽，一个只做过银行柜员的人能跳到哪里去呢？难道跳去另外一家银行做柜员吗？我开始思考，如果把我放在人才市场上，这一年多的工作经验到底能给我带来什么竞争力，我又能如何利用这些竞争力进入另一个岗位或者行业。不跳槽，真的就没有出路了吗？

6.3.1　分析自身优势和职业目标

柜员的工作经历给我带来的最大优势就是了解银行系统的运作，对一线的服务业务和金融产品非常熟悉，提高了我与客户沟通的经验和技能。而我本身也擅长与人沟通，比较有亲和力，对银行的产品有自己的见解，所以在销售上也常常觉得驾轻就熟。

刚毕业不久的我并不清楚自己的职业目标，但是我知道想要在银行做到管理层，基层的经验不可或缺，而客户经理是最能显示业绩和能力的基层岗位。此外，我必须从柜员换一个能够积累一些技能的岗位，即便只是一些沟通、销售、写作之类的软技能，也可以帮助我以后跳槽到其他的行业，不至于轻易被人工智能取代。

分析了自己的优势和目标之后，我认为选择银行系统内部的转岗机会比跳槽到其他行业更容易，因为银行是一个特殊的行业，有自己一套系统和复杂的操作后台。这些行业独特的东西都不是可以直接转嫁或应用到其他行业上的。如果我可以转岗到客户经理，就可以在新的岗位上积累一些客户管理经验、产品营销经验、数据统计经验，等等，这些经验技能放之四海皆准，可以成为我今后跳槽到其他行业的跳板。

有了这些初步的分析之后，我渐渐把心放宽了一些，一边继续做着柜员的工作，一边开始思考和尝试企业内部的转岗机会。

6.3.2 洞察企业的内部需求

银行系统庞大，人事管理的变动很复杂，不是说换就可以随时换的。有了转岗的想法之后，我就开始观察我所在支行的人事岗位情况。我发现支行的员工普遍年龄较大，我是唯一一个三十岁以下的年轻人，接触和学习新鲜事物的能力比其他人要强很多，几乎所有的培训都是我先去学习，然后再教给其他同事们。同时，我的精力和体能也更充沛，很多老员工经常会有各种身体上的毛病，久坐和久站都有些受不了。

2015年恰逢人工智能渐渐运用到银行基层，每个网店都开始引进智能自助机，帮助客户快速自助办理各种复杂的业务，以便减少柜台的人工成本和压力。我知道，我的机会来了。

因为智能自助机对所有人来说都是一个新鲜玩意儿，大家都不知道怎么操作，于是需要有人在大堂引导客户，给新客户一些指导。当我意识到这个需求之后，立刻主动去学习和研究智能自助机的操作，在第一时间掌握了它的使用方法，然后主动请缨转岗为大堂经理。

在跟支行行长自荐的时候，我给了他三个无法拒绝我的理由。第一，我已经掌握了智能自助机的使用方法，而其他员工还不太懂。第二，我是支行最年轻的员工，体力最好，每天站着也无所谓。第三，相比许多只想退休的老员工，我的服务态度、亲和力以及上进心更强，可以提升客户的体验。

于是，在我的毛遂自荐下，我顺利走出了防弹玻璃，成为一名行动自由的大堂经理，工作内容也多了许多可以自由选择的部分。

6.3.3 不在其位谋其职

除了引导客户在智能自助机办理业务，作为第一个迎接客户进门的人，我会第一时间了解客户的需求，进行产品营销。在做大堂经理不到半年的时间里，我积累了100位理财客户，仅理财产品的销售业绩就超过了基本的工资收入。

销售给我带来的成就感，让我渐渐对工作产生了热情。但是我知道，作为一个大堂经理，销售理财产品并不是主要的职责，所以如果我以大堂经理的职位跳槽到其他行业，依然没有什么竞争力，而这个岗位能学到的技能也实在有限，我还是要转到客户经理岗位才行，毕竟客户经理才是银行系统里真正的销售员，把握着银行的资金流动。

于是，我开始主动帮支行的客户经理做一些打杂跑腿的事情，了解和学习客户经理的业务，同时因为很多老员工不喜欢培训，于是我自告奋勇地替他们参加行里关于客户经理的业务培训。"不在其位谋其职"，是职场里学习其他岗位知识最快的方式。当你把自己放到别人的岗位角色里，才能切身明白这个岗位的需求是什么。

过了一段时间后，我又找到了支行行长提出转岗客户经理的要求，并且又给了他三个无法拒绝我的理由。第一，智能自助机已经被熟知了，柜台的业务量也没有以前大，所以不再需要我去做大堂经理或柜员。第二，支行的客户经理都年纪较大了，我可以作为年轻人帮大家分担一些大家不愿意做的事情，同时也可以承担起支行需要派人参加总行培训的要求。第三，我已经有了自己的理财客户资源，并且已经开始学习客户经理的业务。

于是，我终于如愿以偿从柜员转岗到了客户经理的岗位上。带着客户经理这个职位跳槽，比柜员或大堂经理职位的选择面大了很多。毕竟，除了银行，许多行业都需要客户经理。

这次内部转岗的经历让我明白，有时候机会不仅仅在别处，也在眼下。企业内部的人事调动会比从零开始跳槽到其他行业要容易许多，同时，如果决定了要跳槽到其他行业，也可以先思考如何在现在的企业里先获得一些相关的经验，提高自己今后跳槽的竞争力。

6.3.4　在机会出现的时候主动出击

在银行的这份工作，让我发现了自己对营销的天赋和热爱，也发现了我不甘于过平淡重复的生活，于是在2017年我选择了裸辞出国读MBA，并给自己一个重新选择职业和生活的机会。

在新西兰就读MBA毕业以后，凭借着之前在银行锻炼的与人沟通、客户服务、销售谈判的能力，我顺利入职当地的一家公司从事营销策划，并且负责中国市场的工作。两年后，我意识到如果在国外仅做中国市场，未来的职业发展会很有限，并且无法有机会深入了解新西兰本地市场。

于是，我又利用之前在银行内部转岗同样的方法，分析自己的优势和职业目标（我会中英文，熟悉中国市场，今后想成为营销总监，就要懂新西兰本地市场），洞察企业内部的需求（公司近年来大部分业务都在中国，但是因为国内电商的发展导致销售渠道发生变化，公司业绩下滑，因此对新西兰本地和其他海外市场的需求增加。于是我主动承担了本地社交媒体的运营工作），在一次公司内部调整的时候主动自荐，顺利将岗位转到了品牌管理，开始负责公司在新西兰和中国的所有营销活动，快速实现了升职加薪。

俗话说："人生没有白走的路，每一步都算数。"虽然毕业后的第一份正式工作不那么尽如人意，但它确实锻炼了我面对职业困境的战略思考能力，也帮我找到了自己热爱的职业方向。而两次在不同企业里内部转岗和一次跨国行业转型的成功，也让我收获了很大的自信。

我不仅开始在主业上游刃有余，也开展了几项自己感兴趣的副业，开始拓展自己的知识和技能边界。我相信机会只留给有准备的人，如果你也和曾经的我一样，在一份不喜欢的工作中挣扎，不如静下心分析一下自己的优势和职业方向，洞察企业内部的需求，努力修炼自己的职业技能，在机会出现的时候主动出击。

2021年，我再次选择了裸辞，成为一名职业人生教练，把副业变主业，将自己的沟通和营销技能转换成打造个人品牌，把职场转型和目标达成的思维策略传递给更多人，帮助他们实现自己的职业和人生目标。

也许我们终其一生都在寻找自己热爱的事业，但这个事业不会从天而降，而是要经过一次次地探索，一次次地尝试，一次次地努力，才会明白自己到底喜欢干什么、适合干什么，最终找到那个愿意为之付出毕生心血的事业。而这中间的每一次探索、尝试和努力，都是我们通向最终职业理想的跳板和财富。

安书禾，千万流量运营操盘手。主导过上百个项目，擅长项目管理，曾在多家知名企业任职。

作者邮箱：tuye168888@163.com

"

6.4　做大型项目时手足无措

弗兰西斯·培根曾提道，如果说金钱是商品的价值尺度，那么时间就是效率的价值尺度。因此对于一个办事缺乏效率者，必将为此付出高昂代价。

如果说我们与大型的项目上线隔了一座山丘，与多个项目上线隔了连绵的群山，那么项目管理工具，就是隧道，能够帮助你快速高效地通往山的另一侧！

没有隧道，你也可以抵达远方，只是需要花费更多的时间，最后抵达的地方也许还有所偏差。就像如果你没有项目管理工具，虽然能够让整个项目上线，但没有办法保证项目的进度如预期一样完成，也无法快速知道跨部门协作同事的业务进度。那么有了好的项目管理工具，比如甘特图，就像通了隧道的山路，不再崎岖不平，能够让你以最短的路途，到达目的地，我们能够高效并顺利地推动项目落地上线。

甘特图是以图示的方式，通过活动列表和时间刻度来表示任何特定项目的活动顺序与持续时间。基本是以一条线条图为图形，横轴表示时间，纵轴表示活动或项目，线条表示在整个活动期间，计划和实际活动的完成情况。

它能直观地表明任务计划在什么时候进行，以及实际进展与计划要求的对比。管理者由此可清晰地弄清一项任务或项目还剩下哪些工作要做，并可评估工作进度。

稻盛和夫的阿米巴经营哲学，提出了一个公式：工作的结果 = 思维方式 × 热情 × 能力。我们的工作结果往往是受思维方式、热情、能力这三大要素影响。

要素一，热情。它是对待人生事业的激情和动力。企业通过激励制度，来提高员工外在的热情，通过引导提升工作乐趣，提高内在热情。

要素二，能力。能力是智商、情商、解决问题能力等多个要素的集合。能力越强，并不代表工作效率就越高，而是受要素三思维方式的影响。

要素三，思维方式。它决定你的工作效率，而工作效率的关键也跟你能意识到去使用工具有非常大的关系。那么，你能借助工具辅助项目管理推进工作的思维方式，就成功帮助你提升了工作效率。

6.4.1　工作效率低下，成长速度受到限制

在职场上班时，你是否经常会遇到下面这样的情况。

写周报复盘，汇报当月KPI完成进度赶不上时间进度时，10点周会上老板怒拍桌子，要求加一场大促或者要求上线一个项目，必须确保这个月的KPI能够达到100%的进度。你心惊胆战，心想又得加班加点上线新项目了，但按照当前的业务完成进度，怎么也得让新项目

上线一周才能保证能够带得动进度。11点，你打开思维导图绘制了项目从启动到上线的流程，梳理出关键事项。随后又打开了Excel，将项目拆解成若干任务，同时用甘特图对每个任务进行分解。

盘点了项目从方案的策划，产生到项目评审，开发、落地、测试、上线，整个周期在仅剩2天的情况下推进方案。12点，你开始用最快的速度写了2个方案给老板进行选择，由于项目的优劣势跟数据测算都非常清晰，老板很快进行决策跟迭代建议的提出。在这个环节为团队节省了不少时间。下午1点，召集团队的人开始讨论新的方案如何上线。

以上情况你是不是特别熟悉？

没错，这就是互联网职场人极为平常的一天，从临时接受紧急的任务指令开始。换作是刚入职场，遇见极为相似的情况，对我来说，肯定是一个惊心动魄又非常煎熬的时刻！但是此时我内心是波澜不惊的。

以前我为什么会惶恐不安呢？因为我每天有非常冗杂、重复性的工作内容要面对，需要面向用户、面向商家提供服务跟建议，需要时不时接受紧急任务，需要被动式地被拉到会议室开会，诸如此类的事情，塞满了整个生活，可以说工作基本上占据了我95%以上的时间。

工作效率低下，成长速度受到限制，疲累的身心让我开始思考这真的是我想要的生活吗？

后来，被老板叫出去谈话。谈话的核心是围绕我当前的工作状态以及工作效率。他帮我梳理了工作的一些问题，并且给了合理的建议。当时的我，并未想得非常通透，只是尝试去使用一些工作的工具。比如，用便签列出每日工作清单、用印象笔记记录每日工作重点并进行简要回顾、学会用思维导图去梳理一些事项的重点，当然也是首次尝试使用了甘特图。

这个过程其实还是非常痛苦并难受的。原因在于，技能的学习需要不断实践跟刻意联系，要改变原生态的工作习惯并非容易的事情。习惯的培养周期至少21天，而懒惰本就是人的天性，跟需要自律的习惯有着天然的对抗。

不得不承认，当时的我觉得甘特图在工作实操的场景中，确实比较难。工作经验缺乏、项目实践机会少，优先级难以判断、项目协同难等，都决定了甘特图难以被我自如顺畅地使用。因此，很长一段时间以来，我虽然有感受到它带来的甜头，但是无法很好掌控这个工具，因此不足以让我觉得工作状态处于心流，它一度让我欢喜又让我忧愁！

6.4.2　使用有效管理工具提升项目协作效率

其实，做项目都有一个过程。从最基础的项目上手，比如一场单品类的日常主题活动。印象中，我当时做了一场钟表首饰出行的主题活动。

这个活动项目非常简单，但想要做好也需要完善流程和细节。首先，需要进行主题的策划，对于星座有一定研究跟热爱的我，当时选择了以十二星座为主题的钟表首饰约会专题。接下来最核心的事情是盘活商家、盘活货品、谈好价格以及搭建活动会场、准备会场相关的内容、准备内容素材去进行提前宣发。

虽然这个项目不是很复杂，但是当时的我用甘特图并不是特别顺手，梳理不同的事项任务以及时间的安排都是在摸索中前进。当时，整个项目表做得也不完善，更别提美观了。当然，项目涉及的人也不多，不需要进行项目评审，除了设计、内容运营、频道运营需要单独对接外，其他的事项基本由我自己一个人完成，整个项目的复杂度比较低。

结果是磕磕绊绊完成了这个活动，但取得了还不错的交易额，所以对此我进行了一场复盘，审视过程并做了总结。

经过多次重复的练习，甘特图用得越来越顺畅，项目把控度也越来越符合期望。

终于，当时的我梳理出了以下流程：

（1）将该项目拆解成了若干具体且明确的任务，并且将每个任务的开始时间跟结束时间都标注清晰。

（2）将具体落地的任务开始时间跟结束时间绘制在Excel表格上。

（3）根据甘特图的进度分配到具体的负责人，且通知到位，标注清楚每个任务的目标完成时间。

（4）根据项目的进度，进行分时间周期跟进。

（5）建立共享文档跟工作项目群，用以让任务相关负责人及时清楚知道进度以及细节变化。

经历了这个阶段，让我明白了两个道理：第一，有效项目管理工具能够提升项目协作效率以及工作效率；第二，甘特图作为重要的项目管理工具，掌握好它，能协助你推动项目快速上线。

6.4.3　执行力的根本是思考力

生命中，总有些转折会改变你的人生轨迹。

我的转折发生在2018年初，当时的我选择了一份知名独角兽企业，当然我也获得了组建运营团队的机会。这个阶段，上线项目成了家常便饭，而我也成了项目"老司机"，从自己带着项目过渡到带着团队成员负责项目。

做过上百个项目的负责人，经历过非常多临时上线、临时调整的场景，也经历过多线并行的场景。

就这样，在日复一日的实战中，我摸索出了成熟的技能地图以及总结了掌握甘特图做项目管理的方法论。伴随着业务从0到1再到N的发展，也让自己的项目管理能力突飞猛进，一路进步。这期间，也成功实现了0项目延期上线的目标。

甘特图的本质在于，你对于项目拆解任务的精准度、不同任务之间跟人员匹配度、跨部门协同力还有你对于业务思考的专业度。执行力的根本是思考力，而成功落地操盘项目的背后则是一张技能地图，多方面考验你的综合能力。

当你再次面对这样半夜接到任务调整的要求时，先进行项目的评估。如果这个项目有价值，则可以开始通过使用甘特图来合理规划项目进度，最大程度提升项目效率。

那接下来，你不再会进行抱怨，而是会用最快的速度写3个方案给老板进行选择，由于项目的优劣势跟数据测算都非常清晰，你在这个环节会为团队节省了不少时间，并用最短的时间召集团队的人开始讨论新方案如何推动上线。

此时此刻，你已经不再是个惴惴不安的新手，而是胸有成竹的专业职场人。

6.4.4 用好甘特图，让工作事半功倍

2020年下半年，我作为一个百万用户平台运营负责人，当时带领业务部门做双十一大促项目，在非常多不利因素裹挟的情况下，推进整个双十一项目组包括运营、商务、产品、数据、设计、开发等，完成了原本觉得难以完成的目标，刷新了交易额新高，并在完成了历史交易额最高值的基础上，还实现了交易额翻倍。

面对这样复杂度高、跨部门较多、开发设计资源紧缺、目标完成难度大的大型项目，并不是一件容易的事情。而甘特图，让我的工作事半功倍。因为图形化概要、易于理解、能传递大量信息，是甘特图非常大的优势。

作战计划是否合理，需要看它是否具备以下5个特点：

（1）任务拆解足够清晰，每个任务需要拆解颗粒度非常细。

（2）对于每个任务的完成时间、需要具备的资源等足够明确。

（3）任务拆解责任到人，需要对方进行反馈，并及时更新进度。

（4）及时跟进同步项目组进度，关注项目完成度变化。

（5）及时沟通同步，做好内部或跨部门人员协同。

对照这5点，看看你的作战计划是否存在一些问题呢？如果符合这些条件，那么你已经能顺利使用甘特图这个管理工具了，可以放心

跟着这个作战计划去推进落地了。

而一个项目管理是否卓越，应具备以下6个特征：

（1）目标明确，易拆解，可落地。具体细分拆解到任务、到人、到时间点，非常清晰。

（2）反馈链条清晰且每日闭环。清楚知道项目推进的进度与完成进度，协同部门的反馈非常明确，每日都可以形成闭环。

（3）项目上线没有任何的延期，准时交付、准点上线是王道。

（4）项目上线后，失误率低、质量较高，即使出现了漏洞也能在上线后尽快修复完毕，不影响用户的体验与项目的效果。

（5）项目在线后，及时跟进项目完成情况，如有必要进行策略调整，对结果负责。

（6）项目结束后，需要进行项目复盘，对后续方向进行迭代。

如果你都已经掌握，那么恭喜你，你已经借助甘特图解锁了快速上线项目的技能。工作效率也借助这些技能工具，得到了质的提升。当你的工作效率提高了，自然而然，你的工作就会有正向结果的产出。

甘特图是改变我职业生涯的关键。未来，我也将继续深挖这项技能，利用它完成职业与人生的一个又一个蜕变！